EWIGER BUND

LOVEGODGREATLY.COM

Bei Am Herzen Gottes findest du normale Frauen mit Fehlern und Kanten, aber die wissen, was Vergebung bedeutet.

Frauen, die weniger von sich als von Jesus erwarten. Frauen, die sich danach sehnen, Gott durch sein Wort kennenzulernen, weil sie durch sein Wort verändert werden möchten. Frauen, die fest in Gottes Wort verankert und zusammen stark sind

Herzlich Willkommen, wir sind so froh, dass du hier bist...

INHALTSVERZEICHNIS

WILLKOMMEN

Wir freuen uns, dass du hier bist und an dieser Bibelarbeit teilnimmst! Es ist kein Zufall, dass du hier bist- nicht nur, weil wir für dich gebetet haben!

Unser Gebet für dich ist, dass du Gott immer näherkommst und täglich neu in sein Wort eintauchst! Wir beten, dass du dich immer wieder neu in IHN verliebst und dran bleibst Gott täglich in der Bibel zu entdecken.

Bevor du die Bibelstellen liest, bitte Gott dir zu helfen, sie zu verstehen. Lade Ihn ein, durch Sein Wort zu dir zu sprechen. Nimm dir Zeit und höre hin. Es ist Seine Aufgabe, zu dir zu sprechen und deine Aufgabe, zuzuhören und Ihm zu gehorchen.

Nimm dir Zeit, die Verse ein paar Mal zu lesen. Im Buch Sprüche lesen wir, dass wir suchen müssen um zu finden: „Bitte um Verstand und Einsicht und suche sie, wie du nach Silber suchen oder nach verborgenen Schätzen forschen würdest. Dann wirst du verstehen, was es heißt, den Herrn zu achten, und wirst die Erkenntnis Gottes gewinnen" (Sprüche 2,3-5).

Wir alle bei *Am Herzen Gottes* können es kaum erwarten, dass du startest und hoffen, dich am Ziel zu treffen. Halte durch, mach weiter—und gib nicht auf! Führe das zu Ende, was du heute anfängst. Wir begleiten dich und feuern dich an! Gemeinsam schaffen wir das. Setze Alles dran, früh aufzustehen, die Hektik des Tages warten zu lassen und dich alleine hinzusetzen, um Zeit in Gottes Wort zu verbringen! Sei offen für das, was Gott während dieser Bibelarbeit zu dir spricht! Geh mit uns auf die Reise auf der wir gemeinsam lernen, *am Herzen Gottes* zu leben!

Während dieser Bibelarbeit findest du hier weitere Impulse, Gemeinschaft und Material:

Drei Blog Posts pro Woche •

Wöchentliche Lernverse •

Wöchentliche Herausforderungen •

Facebook, Twitter, Instagram •

LoveGodGreatly.com •

Hashtag: #LoveGodGreatly •

MEDIEN

Schließe dich uns an

ONLINE

LoveGodGreatly.com

STORE

LoveGodGreatly/store

FACEBOOK

https://www.facebook.com/AmHerzenGottes

INSTAGRAM

instagram.com/lovegodgreatlyofficial

TWITTER

@_LoveGodGreatly

APP ZUM RUNTERLADEN

(noch nicht auf Deutsch verfügbar)

KONTAKT

info@lovegodgreatly.com

BLEIB VERBUNDEN

#LoveGodGreatly

AM
HERZEN
GOTTES

Am Herzen Gottes ist eine Plattform für Frauen von Frauen, die Gottes Herzschlag in ihrem Alltag spüren wollen. Es ist vor allem eine Gemeinschaft, weil es leichter ist mit anderen Frauen verbindlich an Gott dran und in Gottes Wort zu bleiben als alleine. Dabei nutzt *Am Herzen Gottes* verschiedene soziale Netzwerke und Medien. Das Grundgerüst ist ein einfacher Bibelleseplan. Aber das ist natürlich längst nicht alles.

Kannst du dir deshalb vorstellen mit Jemandem zusammen dieses Bibeltagebuch zu deinem zu machen?

Einige Frauen treffen sich zuhause oder in ihren Kirchen und Gemeinden, andere finden online zueinander. Egal wie und wo wir kommunizieren, Hauptsache wir haken uns ein und nehmen uns gegenseitig mit, um *am Herzen Gottes* zu leben!

Unsere Welt dreht sich immer schneller und alleine verliert man im vollen Alltag Gott schnell aus den Augen. Gott hat uns erschaffen, damit wir zusammen mit Ihm und anderen leben.

Wir brauchen einander und das Leben ist besser zusammen. Kannst du dir deshalb vorstellen mit Jemandem zusammen dieses Bibeltagebuch zu deinem zu machen?

Klar ist schon mal, dass wir dabei sind: Wir begleiten dich und sind für dich da. Wir lernen mit dir und feuern dich an! Wir freuen uns wie Gott Frauen zusammenführt, die ihn zusammen mit Herz und Verstand ehren.

Und wir fordern dich heraus: Rufe deine Mutter, Schwester, Oma, die Frau von nebenan oder die Freundin am anderen Ende der Stadt an. Starte eine Gruppe von Frauen in deiner Gemeinde oder bei deiner Arbeit. Oder treffe dich in einem Café mit Frauen, die du schon immer mal besser kennenlernen wolltest.

Zusammen schaffen wir es.

MIT DER SOAP METHODE DIE BIBEL STUDIEREN

WIE UND WARUM

Der wichtigste Teil der SOAP Methode ist das persönliche Gespräch mit Gottes Wort und deine Anwendung auf dein Leben.

Wir bei *Am Herzen Gottes* sind überzeugt, dass Gottes Wort lebendig und wirksam ist. Wir glauben, dass die Worte der Bibel voller Kraft, Wirkung und Relevanz fürs Leben in allen Kulturkreisen und zu jeder Zeit sind. Wir wissen außerdem, dass die einzelnen Bücher der Bibel an bestimmte Personen(gruppen) in konkreten Kulturen und Zeitpunkten gerichtet waren. Um die Bibel richtig auslegen zu können, müssen wir also Kontext und Kultur verstehen, in dem die einzelnen Schriften entstanden sind.

Für das Bibelstudium verwenden wir die so genannte SOAP Methode. Das Akronym steht für S (Scripture=Schrift), O (Observation=Beobachtung), A (Application=Anwendung) und P (Prayer=Gebet). Man kann die Bibel einfach lesen, oder man kann mit ihr ins Gespräch kommen, sich bewusst Zeit nehmen, wirklich über die Worte nachzudenken. Plötzlich fallen dir Wörter ins Auge, du entdeckst Dinge, die dir beim bloßen Lesen nicht auffallen würden. So bleiben wir nicht nur Hörer des Wortes, sondern werden zu Tätern (Jakobus 1,22).

In jeder Bibelarbeit gibt es täglich eine Bibellese und einige SOAP Verse. Wir lesen einen Abschnitt und wenden dann die SOAP Methode auf einige Verse daraus an. Wir meinen, dass uns diese Methode zu einem tieferen Verständnis der Schrift verhilft, was uns wiederum dabei hilft, das Gelesene besser auf unser Leben anzuwenden.

Der wichtigste Teil der SOAP Methode ist das persönliche Gespräch mit Gottes Wort und deine Anwendung auf dein Leben. Zeit im Wort Gottes zu verbringen, ist niemals Zeitverschwendung. Nimm dir Zeit, Gottes Wort gründlich zu studieren. Entdecke Gottes wahres Wesen und Sein Herz für die Welt.

Wir wollen dich ermutigen, die SOAP Methode auf die entsprechenden Verse anzuwenden.

MIT DER SOAP METHODE DIE BIBEL STUDIEREN
(FORTSETZUNG)

Schreibe die Bibelstelle wenigstens einmal handschriftlich ab.

Konzentriere dich dabei auf das, was du schreibst.

Sie mehr als einmal abzuschreiben, ist immer hilfreich.

MONTAG

LESEN
1. Timotheus 1,1-7

SOAP
1. Timotheus 1,5-7

Scripture

SCHREIBE DIE
TEXTSTELLE AB.

Weil im Himmel die Erfüllung eurer Hoffnung für euch bereitliegt. Schon früher habt ihr davon gehört durch das wahre Wort des Evangeliums, das zu euch gelangt ist. Wie in der ganzen Welt, so trägt es auch bei euch Frucht und wächst seit dem Tag, an dem ihr den Ruf der göttlichen Gnade vernommen und in Wahrheit erkannt habt. So habt ihr es von Epaphras, unserem geliebten Mitarbeiter, gelernt. Es ist an unserer Stelle ein treuer Diener Christi und er hat uns auch von der Liebe berichtet, die der Geist in euch bewirkt hat.

Observations

ANALYSIERE DIE
TEXTSTELLE IN
EIN BIS ZWEI
SÄTZEN.

(Oft schreibe ich in Stichpunkten auf, was ich auf den ersten Blick erkenne) Wenn du Glauben und Liebe kombinierst bekommst du Hoffnung. Wir müssen uns daran erinnern, dass unsere Hoffnung der Himmel ist... und der wird erst noch kommen. Das Evangelium ist das Wort der Wahrheit. Das Evangelium trägt fortwährend Früchte und wächst vom ersten bis zum letzten Tag. Es ist nur eine Person nötig um eine ganze Gesellschaft zu verändern... Epaphras.

Nimm dir Zeit, den Abschnitt sorgfältig zu betrachten.

Was liest bzw. verstehst du? An wen richtet sich der Text? Welche kulturellen Aspekte sind wichtig? Werden bestimmte Worte wiederholt? Welche Stilmittel wurden benutzt?

A – ANWENDUNG
(APPLICATION)

Nachdem du die Geschehnisse sorgfältig betrachtet hast, suche nach der Haupaussage oder Wahrheit des Abschnitts.

Wie kannst du diese Wahrheit auf dein Leben anwenden?

Was musst du dafür ändern? Wo musst du angesichts dieser Wahrheit heute handeln?

Applications

WAS KANN
ICH FÜR MEIN
LEBEN LERNEN
UND UMSETZEN.

Was mir heute besonders auffällt, ist wie Gott einen einzigen Menschen, Epaphras, dazu verwendet hat, eine ganze Stadt zu verändern!!! Das erinnert mich daran, dass wir dazu aufgerufen sind, anderen von Christus zu erzählen... es ist Gottes Aufgabe das Evangelium zu verbreiten, es wachsen und Früchte tragen zu lassen. Die heutigen Verse sprechen direkt zu EUB... Wie in der ganzen Welt, so trägt es auch bei euch Frucht und wächst seit dem Tag, an dem ihr den Ruf der göttlichen Gnade vernommen und in Wahrheit erkannt habt." Ist es nicht wunderbar, wenn Gottes Wort so lebendig wird und direkt dort zu uns spricht wo wir gerade sind?!!!! Deine heutige Bitte ist, dass all die Frauen, die an diesem Bibelstudium teilnehmen, Gottes Gnade erkennen und nach seinem Wort dürsten.

Ein Zitat aus meinem Bibelkommentar, das ich in mein Studienhandbuch geschrieben habe:

"Gottes Wort dient nicht einfach nur deiner Information, es dient deiner Verwandlung."

Pray

MEIN
GEBET.

Lieber Gott, bitte hilf mir ein "Epaphras" zu werden... der anderen von Dir erzählt und dann die Ergebnisse in Deine liebenden Hände legt. Bitte hilf mir zu verstehen, was ich heute gelesen habe und es in meinem eigenen Leben anzuwenden, damit ich mehr und mehr verwandelt werde. Hilf mir ein Leben zu leben, das Früchte von Glauben und Liebe trägt... meine Hoffnung im Himmel zu verankern, nicht hier auf der Erde. Hilf mir daran zu denken, dass das Beste erst noch kommen wird!

P – GEBET (PRAYER)

Mache Gottes Worte zu deinem Gebet.

Bete über das, was Gott dir in dieser Zeit gezeigt hat

Bekenne Sünde, die Er dir gezeigt.

Bete dich durch die Wahrheit des Abschnitts.

EIN
REZEPT
FÜR DICH
aus Ungarn

UNGARISCHE
NUSSROLLEN

Für den Teig:

2 Päckchen (a 4 Gramm) Hefe

120 ml lauwarme Milch

60g + 2 EL Zucker

¾ TL Salz

225g weiche Butter

1 Becher saure Sahne (200g)

3 große Eier
(Zimmertemperatur, verquirlt)

750g Mehl (405)

Für die Füllung:

250g Zucker

110g Butter in Stücken

1 großes Ei

½ TL Zimt

500g Walnüsse, gemahlen

1 großer Apfel, geschält
und gerieben

Für die Glasur:

200g Puderzucker

2-3 EL Milch

- Löse in einer großen Schüssel die Hefe in der lauwarmen Milch auf. Füge Zucker, Salz, Butter, saure Sahne, Eier und die Hälfte des Mehls hinzu und vermische die Zutaten mit dem Handmixer zu einer glatter Masse. Füge langsam das restliche Mehl hinzu, bis der Teig weich (und etwas klebrig) ist.

- Knete den Teig auf einer bemehlten Unterlage, bis er weich und elastisch ist. Gib den Teig in eine eingefettete Schüssel, decke ihn ab und lass ihn 1 Stunde gehen, bis sich sein Volumen in etwa verdoppelt hat.

- In der Zwischenzeit bereite die Füllung vor. Vermenge dazu Zucker, Butter, Eier und Zimt in einer großen Pfanne und erhitze die Masse bei mittlerer Hitze, bis sie am Löffel kleben bleibt. Nimm die Pfanne vom Herz und rühre vorsichtig die gemahlenen Nüsse und den Apfel unter. Lass die Füllung ganz auskühlen.

- Dann klopfe den Teig auf einer bemehlten Unterlage leicht flach und teile ihn in 4 gleiche Teile. Rolle jedes auf 25x30cm aus und bestreiche es mit der Füllung. Lass an allen Seiten einen Rand von etwa 1,5-2cm. Rolle den Teig von der kurzen Seite wie eine Schnecke auf und drücke den Rand fest. Setze die 2 Schnecken mit dem Rand auf ein Backblech (Backpapier) und lass sie nochmal 30 Minuten gehen.

- Backe 30-40 Minuten auf 175°C, bis sie leicht braun sind. Lass die Nudeln auf einem Rost ganz auskühlen. Vermische Puderzucke und Milch und sprenkle die Glasur über die Schnecken.

LGG ZEUGNIS
AUS UNGARN

VIOLA, UNGARN

Ich werde Gott für immer dankbar sein für die Vorbilder und Mentoren, die Gott in mein Leben gestellt hat, ähnlich wie Timotheus. Wie Timotheus bin ich mit treuen Großmüttern und meiner treuen Mutter aufgewachsen, die mich dazu inspiriert haben, Frauen mit dem Evangelium zu erreichen und es sie zu lehren.

Gottes Wort macht uns bereit für Dinge, die wir uns nicht hätten vorstellen können.

Schon als ich klein war übersetzte meine Mutter Gottesdienste für ausländische Pastoren, die unsere Heimatgemeinde in Ungarn besuchten. Das war zu einer Zeit, in der wir unseren Glauben aufgrund der kommunistischen Regierung Ungarns nicht frei leben konnten. Ich habe erlebt, wie Gott die ungarischen Sprachkenntnisse meiner Mutter und ihr williges Herz benutzte, um anderen zu helfen, die Wahrheit des Evangeliums zu verstehen.

Das Vorbild meiner Mutter hat mir gezeigt, was es heißt, das Wort Gottes sein Leben beeinflussen und ausrüsten zu lassen. Sie zeigte mir, wie wichtig und bedeutend es ist, das Wort Gottes in der eigenen Sprache zu haben. Das ermutigte mich schließlich, mit dem Übersetzen von *Love God Greatly*-Bibelarbeiten in meine Muttersprache Ungarisch zu beginnen.

Jetzt, wo ich selbst Kinder habe, bin ich mir voll und ganz bewusst, wie wichtig es ist, meinen Glauben vor meinen Kindern zu leben. Ich möchte, dass sie ein Vorbild haben, wie man Christus in seinem Leben liebt und Ihm dient. Gottes Wort rüstet aus, ganz egal, wie wir es teilen. Sein Wort ist unsere Hilfe, indem es uns leitet und lehrt, wie wir Gott von ganzem Herzen lieben und wir Seine Liebe mit der Welt und unseren Freunden teilen. Gottes Wort macht uns bereit für Dinge, die wir uns nicht hätten vorstellen können.

Genau wie Timotheus sehne ich mich danach, ein Diener des Evangeliums zu sein, der andere unterrichtet und

lehrt, das Gleiche zu tun. Gemeinsam mit meinem *Love God Greatly*-Übersetzungsteam habe ich viele Frauen gesehen, die eine persönliche Beziehung zu Jesus entwickelten und deren Herzen und Denken von Ihm verändert wurden. Ich möchte, dass diese Frauen wissen, dass Gott einen besonderen Plan für ihr Leben hat und dass sie durch die ausrüstende Kraft des Wortes Gottes treue Diener des Evangeliums sein können.

Um dich mit Love God Greatly Ungarn zu vernetzen:

- lovegodgreatly.com/hungarian
- facebook.com/szeresdnagyonistent

Kennst du jemanden, der unsere *Love God Greatly* Bibelarbeiten auf Ungarisch gebrauchen könnte? Wenn ja, dann erzähle ihnen von LGG Ungarn und den vielen wundervollen Bibelarbeiten und Begleitmaterialen, die ihnen helfen, sich mit Gottes Wort auszurüsten.

EWIGER BUND

Lass uns gemeinsam starten.

EINLEITUNG
EWIGER BUND

Im Alten Testament lesen wir immer wieder, dass Gott mit Seinem Volk Bünde geschlossen hat. Mit Noah schloss Er einen Bund, in dem Er ihm versprach, dass Er nie wieder die Erde zerstören würde. In Seinem Bund mit Abraham verhieß Er ihm, eine große Nachkommenschaft, Land und einen Messias, der die Welt von der Sünde retten würde. Durch Seinen Bund mit Israel machte Er das Volk heilig, erwählte es als Sein Volk und gab ihm das Gesetz. In Seinem Bund mit David versprach Er, sein Königreich würde ewig währen. Trotz dieser wundervollen Verheißungen an Sein Volk, wandte es sich immer wieder von Ihm ab. Deshalb versprach Gott Seinem Volk einen neuen Bund.

Ein Bund ist mehr als ein Versprechen. Es ist ein heiliger Eid zwischen zwei Parteien. Im Alten Vorderen Orient schritten die Bund schließenden Parteien zwischen den Teilen eines geopferten Tieres hindurch. Diese Praxis diente als symbolische Erinnerung dafür, was passieren würden, sollte einer der beiden den Bund brechen.

Als Gott in 1. Mose 15 Seinen Bund mit Abraham schloss, schritt Er alleine zwischen den Tieren hindurch, die Abraham geopfert hatte. Damit übernahm Gott allein die Verantwortung, Seinen Bund mit Abraham zu erfüllen. Dasselbe tut Er mit uns.

In Christus leben wir unter einem neuen Bund. Christus ist für unsere Sünde gebrochen worden und hat dabei die Schuld, die wir verdienen, übernommen. Wir können einen Bund ohne Bedingungen für uns mit Gott eingehen, weil Sich Christus für uns geopfert hat. Wir müssen nur mit Glauben darauf antworten.

In Christus erfüllen Sich alle Bünde, die Gott geschlossen hat. Seine Geburt leiteten eine neue Zeit ein, in der wir in einen neuartige Beziehung mit Gott treten können. Wir sind nicht mehr an die Regeln und Gesetzte des alten Bundes gebunden, sondern wir sind frei in Christus!

Jesus ist gleichermaßen Autor und Vollender des neuen, ewigen Bundes. In Ihm fehlt es uns an nichts. Mit Seinem Kommen sind wir für immer gegründet, und alle Zusagen Gottes an Sein Volk sind in Christus erfüllt. Wir genießen das Privileg, diesseits der Geschichte zu leben: Wir müssen nicht mehr auf unsere Erlösung warten, sondern warten erwartungsvoll auf den Tag, an dem der Messias wiederkehrt!

LESEPLAN

WOCHE 1
Bünde voller Segen

Montag – Gottes Bund mit den Menschen
LESEN: 1. Mose 9, 1-11
SOAP: 1. Mose 9, 11

Dienstag – Ein bedingungsloser Bund
LESEN: 1. Mose 9, 12-17
SOAP: 1. Mose 9, 12-13

Mittwoche – Das Versprechen der Nachkommenschaft
LESEN: 1. Mose 15, 1-6; Galater 3, 15-18
SOAP: 1. Mose 15, 6

Donnerstag – Das Versprechen von Land
LESEN: 1. Mose 15, 7-21; Hebräer 11, 8-10
SOAP: Hebräer 11, 9-10

Freitag – Der Segen Christi
LESEN: 1. Mose 22, 15-18; Epheser 1, 3-14
SOAP: Epheser 1, 11-12

WOCHE 2
Bünde mit Israel

Montag – Die größten Gebote
LESEN: 2. Mose 20, 1-17; Matthäus 22, 36-40
SOAP: Matthäus 22, 36-40

Dienstag – Christus erfüllt das Gesetz
LESEN: 2. Mose 24, 3-8; Matthäus 5, 17-20
SOAP: Matthäus 5, 17

Mittwoch – Der Sabbat
LESEN: 2. Mose 31, 12-17; Markus 2, 23-3, 6
SOAP: Markus 2, 27-28

Donnerstag – Ein beständiges Königreich
LESEN: 2. Samuel 7, 1-17; Matthäus 1, 1-17
SOAP: 2. Samuel 7, 16

Freitag – Davids Nachkomme
LESEN: 2. Samuel 7, 18-29; Offenbarung 22, 16
SOAP: 2. Samuel 17, 28-29

WOCHE 3
Ein besserer Bund

Montag – Die Schwäche des Gesetzes
LESEN: Römer 7, 6; Römer 8, 1-4
SOAP: Römer 8, 3-4

Dienstag – Der verheißene Bund
LESEN: Jeremia 31, 31-37
SOAP: Jeremia 31, 33

Mittwoch – Ein besserer Bund
LESEN: Hebräer 8, 6-13; 2. Korinther 3, 4-6
SOAP: 2. Korinther 3, 4-6

Donnerstag – Erfüllung in Christus
LESEN: Matthäus 26, 26-30; Hebräer 9, 15
SOAP: Hebräer 9, 15

Freitag – Einheit im neuen Bund
LESEN: Lukas 22, 14-20; 1. Korinther 11, 23-34
SOAP: 1. Korinther 11, 25-26

WOCHE 4
Erfüllte Versprechen

Montag – Gottes Bote wird angekündigt
LESEN: Lukas 1, 1-25
SOAP: Lukas 1, 25

Dienstag – Der Messias wird angekündigt
LESEN: Lukas 1, 26-38
SOAP: Lukas 1, 31-33

Mittwoch – Maria und Elisabeth
LESEN: Lukas 1, 39-56
SOAP: Lukas 1, 46-50

Donnerstag – Die Geburt Johannes'
LESEN: Lukas 1, 57-80
SOAP: Lukas 1, 68 + 72-73a

Freitag – Die Geburt Jesu
LESEN: Lukas 2, 1-21
SOAP: Lukas 2, 10-11

DEINE ZIELE

Wir glauben, dass es ist wichtig ist, Ziele für diese Bibelarbeit festzulegen. Nimm dir jetzt ein paar Minuten Zeit und schreibe drei Ziele auf, die du während dieser Bibelarbeit besonders im Blick haben möchtest – wenn du morgens aufstehst, um nah an Gottes Herz zu bleiben... Denk daran, dir diese Ziele in den nächsten vier Wochen immer wieder vor Augen zu führen um dran zu bleiben. DU SCHAFFST DAS!!!

1.

2.

3.

Datum:

Unterschrift:

WOCHE 1

Darüber hinaus haben wir durch Christus ein
göttliches Erbe empfangen, denn Gott hat uns
von Anfang an erwählt, wie er es mit seinem
Willen beschlossen hatte. Wir, die wir als
Erste auf Christus gehofft haben, sollen mit
unserem Leben Gottes Herrlichkeit loben.

EPHESER 1, 11-12

GEBET

Gebetsfokus für diese Woche:
Nimm dir Zeit um für deine Familie zu beten.

MONTAG

DIENSTAG

MITTWOCH

DONNERSTAG

FREITAG

HERAUSFORDERUNG

Gott hatte mit Noah einen ewigen Bund geschlossen, der nicht an Bedingungen geknüpft war. Nimm dir diese Woche Zeit darüber nachzudenken, wie Gott dich bedingungslos segnet und gesegnet hat. Verdienst du, womit Gott dich beschenkt? Achte diesen Advent und Weihnachten besonders darauf, wie reich und mehr als du dir vorstellen kannst du von Gott beschenkt wirst. Bitte Ihn, dir zu zeigen, was Er dir schenkt, was von Ihm kommt, und auch dich zu erinnern, womit Er dich bereits gesegnet hat.

MONTAG

Bibelstellen für Woche 1

1. Mose 9,1-11

1 Gott segnete Noah und seine Söhne und befahl ihnen: »Vermehrt euch und bevölkert die Erde. 2 Alle Tiere und alle Vögel werden große Angst vor euch haben. Ich habe alle Tiere - auch die Fische - in eure Hand gegeben. 3 Ihr könnt euch von ihnen ernähren, wie von Gemüse, Getreide und Obst. 4 Doch ihr dürft kein Tierfleisch essen, in dem noch Blut ist. 5 Jeder, der einen Menschen tötet - ob Tier oder Mensch - soll meine Rache erfahren. 6 Wer das Blut eines Menschen vergießt, dessen Blut soll durch Menschen vergossen werden. Denn die Menschen sind nach dem Vorbild Gottes geschaffen. 7 Ihr aber sollt viele Kinder bekommen und die Erde wieder bevölkern!« 8 Dann sprach Gott zu Noah und seinen Söhnen: 9 »Ich schließe einen Bund mit euch und euren Nachkommen; 10 mit allen Tieren, die mit euch auf dem Schiff waren - den Vögeln, den zahmen und den wilden Tieren - mit allen Lebewesen auf der Erde: 11 Ich gebe euch das feste Versprechen, niemals mehr durch eine Flut die Erde und alle Lebewesen zu vernichten.«

MONTAG

LESEN:
1. Mose 9, 1-11

SOAP:
1. Mose 9, 11

Schrift

SCHREIBE DIE
BIBELSTELLE AB.

Beobachtung

SCHREIBE EIN ODER
ZWEI DINGE AUF,
DIE DU BEOBACHTEST
ODER BEMERKT HAST
(Z.B. STIMMUNG, ORT,
ZEIT, EINZELNE WÖRTER).

Anwendung

SCHREIBE EIN ODER
ZWEI DINGE AUF, DIE
DIESER VERS FÜR DICH
PERSÖNLICH BEDEUTET
UND WIE DU IHN PRAKTISCH
ANWENDEN KANNST.

Gebet

SCHREIBE DAS,
WAS DU HEUTE
ERKANNT HAST
IN FORM EINES
GEBETES AUF.

DIENSTAG

Bibelstellen für Woche 1

1. Mose 9,12-17

12 Und Gott sprach: »Ich gebe euch ein Zeichen als Garantie für den ewigen Bund, den ich mit euch und allen Lebewesen schließe: 13 Ich setze meinen Bogen in die Wolken. Er ist das Zeichen meines unumstößlichen Bundes mit der Erde. 14 Jedes Mal, wenn ich Regenwolken über die Erde schicke, wird der Regenbogen in den Wolken zu sehen sein. 15 Dann werde ich an meinen Bund mit euch und mit allem, was lebt, denken. Niemals mehr wird eine Flut alles Leben auf der Erde vernichten. 16 Wenn der Regenbogen in den Wolken steht, werde ich ihn ansehen, um mich an den ewigen Bund zu erinnern, den ich mit allen Lebewesen auf der Erde geschlossen habe.«

17 Und Gott sprach zu Noah: »Ja, dies ist das Zeichen meines Bundes, den ich mit allen Geschöpfen auf der Erde schließe.«

DIENSTAG

LESEN:
1. Mose 9, 12-17

SOAP:
1. Mose 9, 12-13

Schrift

SCHREIBE DIE
BIBELSTELLE AB.

Beobachtung

SCHREIBE EIN ODER
ZWEI DINGE AUF,
DIE DU BEOBACHTEST
ODER BEMERKT HAST
(Z.B. STIMMUNG, ORT,
ZEIT, EINZELNE WÖRTER).

Anwendung

SCHREIBE EIN ODER
ZWEI DINGE AUF, DIE
DIESER VERS FÜR DICH
PERSÖNLICH BEDEUTET
UND WIE DU IHN PRAKTISCH
ANWENDEN KANNST.

Gebet

SCHREIBE DAS,
WAS DU HEUTE
ERKANNT HAST
IN FORM EINES
GEBETES AUF.

MITTWOCH

Bibelstellen für Woche 1

1. Mose 15,1-6

1 Danach sprach der Herr in einer Vision zu Abram: »Hab keine Angst, Abram, denn ich will dich beschützen und dich reich belohnen.« 3 Doch Abram entgegnete: »O allmächtiger Herr, was wirst du mir geben, wenn ich kinderlos bin? Da du mir keine Kinder geschenkt hast, wird mich mein Verwalter Eliёser von Damaskus beerben.« 4 Da sprach der Herr zu ihm: »Nein, dein Verwalter wird dich nicht beerben. Du wirst einen Sohn bekommen, der dein Erbe sein wird.« 5 Der Herr führte Abram nach draußen und sprach zu ihm: »Schau hinauf zum Himmel. Kannst du etwa die Sterne zählen?« Dann versprach er ihm: »So zahlreich werden deine Nachkommen sein!« 6 Und Abram glaubte dem Herrn und der Herr erklärte ihn wegen seines Glaubens für gerecht.

Galater 3,15-18

15 Liebe Freunde, ich will euch ein Beispiel aus dem Alltag geben: Es verhält sich hier wie bei einem rechtskräftig gewordenen Testament, das niemand aufheben oder ändern kann. 16 Nun hat Gott sein Versprechen Abraham und seinem Nachkommen gegeben. Beachtet, dass hier nicht steht, dass die Zusage seinen Kindern galt, als wären viele Nachkommen damit gemeint. Sie galt dem einen Nachkommen - und dieser ist Christus. 17 Und genau darum geht es mir: Der Bund, den Gott mit Abraham schloss, konnte nicht vierhundertdreißig Jahre später aufgehoben werden, als Gott Mose das Gesetz gab. Sonst hätte Gott ja sein Versprechen gebrochen. 18 Denn wenn das Erbe nur durch das Halten des Gesetzes empfangen werden könnte, dann würde es uns nicht mehr durch das Versprechen geschenkt. Doch Gott hat es Abraham ohne jede Bedingung zugesagt.

MITTWOCH

LESEN:
1. Mose 15, 1-6; Galater 3, 15-18

SOAP:
1. Mose 15, 6

Schrift

SCHREIBE DIE
BIBELSTELLE AB.

Beobachtung

SCHREIBE EIN ODER
ZWEI DINGE AUF,
DIE DU BEOBACHTEST
ODER BEMERKT HAST
(Z.B. STIMMUNG, ORT,
ZEIT, EINZELNE WÖRTER).

Anwendung

SCHREIBE EIN ODER
ZWEI DINGE AUF, DIE
DIESER VERS FÜR DICH
PERSÖNLICH BEDEUTET
UND WIE DU IHN PRAKTISCH
ANWENDEN KANNST.

Gebet

SCHREIBE DAS,
WAS DU HEUTE
ERKANNT HAST
IN FORM EINES
GEBETES AUF.

DONNERSTAG
Bibelstellen für Woche 1

1. Mose 15,7-21

7 Dann sprach der Herr zu ihm: »Ich bin der Herr, der dich aus Ur in Chaldäa geführt hat, um dir dieses Land zu geben.« 8 Doch Abram entgegnete: »O allmächtiger Herr, wie kann ich sicher sein, dass ich es wirklich bekommen werde?« 9 Da befahl ihm der Herr: »Bring mir eine dreijährige Kuh, eine dreijährige Ziege, einen dreijährigen Widder, eine Turteltaube und eine andere Taube.« 10 Abram holte die Tiere und schlachtete sie. Er schnitt jedes einzelne der Länge nach durch und legte je eine Hälfte der anderen gegenüber. Die Vögel aber zerteilte er nicht. 11 Raubvögel stießen auf die Kadaver herab, doch Abram jagte sie weg. 12 Als die Sonne unterging, fiel Abram in einen tiefen Schlaf. Während er schlief, befiel ihn eine schreckliche, dunkle Angst. 13 Da sprach der Herr zu Abram: »Du sollst wissen, dass deine Nachkommen Fremde in einem fremden Land sein werden. Sie werden 400 Jahre lang als Sklaven unterdrückt werden. 14 Doch ich werde das Volk, das sie unterdrückt, bestrafen. Am Ende werden sie mit großen Reichtümern von dort wegziehen. 15 Du aber wirst ein hohes Alter erreichen und in Frieden sterben. 16 Erst wenn die Sünde der Amoriter das Maß voll gemacht haben wird, werden deine Nachkommen nach vier Generationen hierher zurückkehren.« 17 Als die Sonne untergegangen und es ganz dunkel geworden war, fuhr ein rauchender Feuerofen und eine flammende Fackel zwischen den Hälften der Kadaver hindurch. 18 So schloss der Herr an jenem Tag einen Bund mit Abram und sprach: »Ich werde dieses Land deinen Nachkommen geben, das ganze Gebiet von den Grenzen Ägyptens bis zum großen Fluss Euphrat - 19 das Land der Keniter, Kenasiter, Kadmoniter, 20 Hetiter, Perisiter, Refaïter, 21 Amoriter, Kanaaniter, Girgaschiter und Jebusiter.«

Hebräer 11,8-10

8 Durch den Glauben gehorchte Abraham, als Gott ihn aufforderte, seine Heimat zu verlassen und in ein anderes Land zu ziehen, das Gott ihm als Erbe geben würde. Er ging, ohne zu wissen, wohin ihn sein Weg führen würde. 9 Und selbst als er das Land erreichte, das Gott ihm versprochen hatte, lebte er dort aus der Kraft des Glaubens - denn er war in dem Land wie ein Fremder, der in einem Zelt wohnte, ebenso wie Isaak und Jakob, denen Gott dieselbe Zusage gegeben hatte. 10 Abraham konnte so handeln, weil er auf eine Stadt mit festem Fundament wartete, deren Bauherr und Schöpfer Gott selbst ist.

DONNERSTAG

LESEN:
1. Mose 15, 7-21; Hebräer 11, 8-10

SOAP:
Hebräer 11, 9-10

Schrift

SCHREIBE DIE
BIBELSTELLE AB.

Beobachtung

SCHREIBE EIN ODER
ZWEI DINGE AUF,
DIE DU BEOBACHTEST
ODER BEMERKT HAST
(Z.B. STIMMUNG, ORT,
ZEIT, EINZELNE WÖRTER).

Anwendung

SCHREIBE EIN ODER
ZWEI DINGE AUF, DIE
DIESER VERS FÜR DICH
PERSÖNLICH BEDEUTET
UND WIE DU IHN PRAKTISCH
ANWENDEN KANNST.

Gebet

SCHREIBE DAS,
WAS DU HEUTE
ERKANNT HAST
IN FORM EINES
GEBETES AUF.

FREITAG
Bibelstellen für Woche 1

1. Mose 22,15-18

15 Dann rief der Engel des Herrn noch einmal vom Himmel Abraham zu:
16 »Ich, der Herr, schwöre bei mir selbst: Weil du mir gehorsam warst und
sogar deinen geliebten Sohn auf meinen Befehl hin geopfert hättest, 17 werde
ich dich reich segnen. Ich werde dir viele Nachkommen schenken. Sie sollen
zahllos sein wie die Sterne am Himmel und wie der Sand am Ufer des Meeres.
Sie werden ihre Feinde besiegen. 18 Durch deine Nachkommen sollen alle
Völker auf der Erde gesegnet sein, denn du hast mir gehorcht.«

Epheser 1,3-14

3 Wir loben Gott, den Vater von Jesus Christus, unserem Herrn, der uns
durch Christus mit dem geistlichen Segen in der himmlischen Welt reich
beschenkt hat. 4 Aus Liebe hat Gott uns schon vor Erschaffung der Welt in
Christus dazu bestimmt, vor ihm heilig zu sein und befreit von Schuld. 5 Von
Anfang an war es sein unveränderlicher Plan, uns durch Jesus Christus als
seine Kinder aufzunehmen, und an diesem Beschluss hatte er viel Freude.
6 Deshalb loben wir Gott für die herrliche Gnade, mit der er uns durch den
geliebten Sohn so reich beschenkt hat. 7 Seine Gnade ist so groß, dass er
unsere Freiheit mit dem Blut seines Sohnes erkauft hat, sodass uns unsere
Sünden vergeben sind. 8 Er hat uns mit Gnade überhäuft und uns Weisheit
und Erkenntnis gegeben. 9 So hat Gott uns nun seinen Willen erkennen
lassen, der lange verborgen war, und uns seinen Plan mit Christus offenbart.
10 Gott beschloss, wenn die Zeit dafür gekommen ist, alles im Himmel und
auf der Erde der Vollmacht von Christus zu unterstellen.11 Darüber hinaus
haben wir durch Christus ein göttliches Erbe empfangen, denn Gott hat
uns von Anfang an erwählt, wie er es mit seinem Willen beschlossen hatte.
12 Wir, die wir als Erste auf Christus gehofft haben, sollen mit unserem
Leben Gottes Herrlichkeit loben. 13 Durch Christus habt auch ihr nun
die Wahrheit gehört, die gute Botschaft, dass Gott euch rettet. Ihr habt an
Christus geglaubt, und er hat euch mit dem Siegel seines Heiligen Geistes,
den er vor langer Zeit zugesagt hat, als sein Eigentum bestätigt. 14 Der
Heilige Geist ist die Garantie dafür, dass er uns alles geben wird, was er
uns versprochen hat, und dass wir sein Eigentum sind - zum Lob seiner
Herrlichkeit.

FREITAG

LESEN:
1. Mose 22, 15-18; Epheser 1, 3-14

SOAP:
Epheser 1, 11-12

Schrift

SCHREIBE DIE
BIBELSTELLE AB.

Beobachtung

SCHREIBE EIN ODER
ZWEI DINGE AUF,
DIE DU BEOBACHTEST
ODER BEMERKT HAST
(Z.B. STIMMUNG, ORT,
ZEIT, EINZELNE WÖRTER).

Anwendung

SCHREIBE EIN ODER
ZWEI DINGE AUF, DIE
DIESER VERS FÜR DICH
PERSÖNLICH BEDEUTET
UND WIE DU IHN PRAKTISCH
ANWENDEN KANNST.

Gebet

SCHREIBE DAS,
WAS DU HEUTE
ERKANNT HAST
IN FORM EINES
GEBETES AUF.

REFLEKTION

1. Mit welchem Zeichen besiegelte Gott Seinen Bund mit Noah? Wie erinnert und dieses Zeichen an Gottes Bündnistreue?

2. Als Gott sagt, Er wird Seines Bundes mit Noah gedenken, bedeutet das, Er könnte ihn vergessen haben? Was ist damit gemeint, wenn Er sagt, Er wird Sich daran erinnern?

3. Wie wurde Abraham gerettet? Sind wir auf dieselbe Art und Weise gerettet? Begründe deine Antwort.

4. Was versprach Gott durch Abrahams Nachkommenschaft? Hat Er Wort gehalten?

5. Was bedeutet es, dass wir allen geistlichen Segen in Christus erhalten haben? Nenne einiger dieser geistlichen Segen.

NOTIZEN

WOCHE 2

---

*Jesus antwortete: »Du sollst den Herrn,
deinen Gott, lieben, von ganzem Herzen, mit
ganzer Seele und mit all deinen Gedanken!«
Das ist das erste und wichtigste Gebot.*

MATTHÄUS 22, 37-38

GEBET

Gebetsfokus für diese Woche:
Nimm dir Zeit um für dein Land zu beten.

MONTAG

DIENSTAG

MITTWOCH

DONNERSTAG

FREITAG

HERAUSFORDERUNG

Halte diese Woche den Sabbat ein. Nimm dir diese Woche bewusst einen Tag, an dem du
nicht arbeitest, dich nicht bemühst, nichts schaffst, baust oder organisierst und einfach
feierst. Nimm deine Familie und Freunde mit hinein. Wie war diese Erfahrung für
dich? Was sagt Jesus über den Sabbat? Wie kannst du diese geistliche Übung in deinen
Wochenablauf einbauen?

MONTAG

Bibelstellen für Woche 2

2. Mose 20,1-17

1 Dann sprach Gott folgende Worte:

2 »Ich bin der Herr, dein Gott, der dich aus der Sklaverei in Ägypten befreit hat.

3 Du sollst außer mir keine anderen Götter haben.

4 Du sollst dir kein Götzenbild anfertigen von etwas, das im Himmel, auf der Erde oder im Wasser unter der Erde ist. 5 Du sollst sie weder verehren noch dich vor ihnen zu Boden werfen, denn ich, der Herr, dein Gott, bin ein eifersüchtiger Gott! Ich lasse die Sünden derer, die mich hassen, nicht ungestraft, sondern ich kümmere mich bei den Kindern um die Sünden ihrer Eltern, bis in die dritte und vierte Generation. 6 Denen aber, die mich lieben und meine Gebote befolgen, werde ich bis in die tausendste Generation gnädig sein.

7 Du sollst den Namen des Herrn, deines Gottes, nicht missbrauchen. Denn der Herr wird jeden bestrafen, der seinen Namen missbraucht.

8 Denk an den Sabbat und heilige ihn. 9 Sechs Tage in der Woche sollst du arbeiten und deinen alltäglichen Pflichten nachkommen, 10 der siebte Tag aber ist ein Ruhetag für den Herrn, deinen Gott. An diesem Tag darf kein Angehöriger deines Hauses irgendeine Arbeit erledigen. Das gilt für dich, deine Söhne und Töchter, deine Sklaven und Sklavinnen, dein Vieh und für alle Ausländer, die bei dir wohnen. 11 Denn in sechs Tagen hat der Herr den Himmel, die Erde, das Meer und alles, was darin und darauf ist, erschaffen; aber am siebten Tag hat er geruht. Deshalb hat der Herr den Sabbat gesegnet und für heilig erklärt.

12 Ehre deinen Vater und deine Mutter. Dann wirst du lange in dem Land leben, das der Herr, dein Gott, dir geben wird.

13 Du sollst nicht töten.

14 Du sollst nicht die Ehe brechen.

15 Du sollst nicht stehlen.

16 Du sollst keine falsche Aussage über einen deiner Mitmenschen machen.

17 Du sollst den Besitz deines Nächsten nicht begehren: Weder sein Haus, seine Frau, seinen Sklaven, seine Sklavin, sein Rind, seinen Esel oder sonst etwas, das deinem Nächsten gehört.«

Matthäus 22,36-40

36 »Meister, welches ist das wichtigste Gebot im Gesetz von Mose?« 37 Jesus antwortete: »'Du sollst den Herrn, deinen Gott, lieben, von ganzem Herzen, mit ganzer Seele und mit all deinen Gedanken!' 38 Das ist das erste und wichtigste Gebot. 39 Ein weiteres ist genauso wichtig: 'Liebe deinen Nächsten wie dich selbst.' 40 Alle anderen Gebote und alle Forderungen der Propheten gründen sich auf diese beiden Gebote.«

MONTAG

LESEN:
2. Mose 20, 1-17; Matthäus 22, 36-40

SOAP:
Matthäus 22, 36-40

Schrift

SCHREIBE DIE
BIBELSTELLE AB.

Beobachtung

SCHREIBE EIN ODER
ZWEI DINGE AUF,
DIE DU BEOBACHTEST
ODER BEMERKT HAST
(Z.B. STIMMUNG, ORT,
ZEIT, EINZELNE WÖRTER).

Anwendung

SCHREIBE EIN ODER
ZWEI DINGE AUF, DIE
DIESER VERS FÜR DICH
PERSÖNLICH BEDEUTET
UND WIE DU IHN PRAKTISCH
ANWENDEN KANNST.

Gebet

SCHREIBE DAS,
WAS DU HEUTE
ERKANNT HAST
IN FORM EINES
GEBETES AUF.

DIENSTAG

2. Mose 24,3-8

3 Als Mose dem Volk alle Worte und Gesetze des Herrn mitgeteilt hatte, antworteten sie ihm einmütig: »Wir wollen alles tun, was der Herr gesagt hat.« 4 Dann schrieb Mose alle Worte des Herrn auf. Früh am nächsten Morgen errichtete er einen Altar am Fuß des Berges. Rund um den Altar stellte er zwölf Steinsäulen auf, für jeden Stamm Israels eine. 5 Dann gab er einigen jungen Israeliten den Auftrag, dem Herrn Brandopfer darzubringen und junge Stiere als Friedensopfer zu schlachten. 6 Mose nahm die eine Hälfte des Blutes und goss es in einige Becken. Mit der anderen Hälfte besprengte er den Altar. 7 Dann nahm er das Buch des Bundes und las es dem Volk vor. Wieder erklärten sie: »Alles, was der Herr befohlen hat, wollen wir tun. Wir wollen seinen Geboten gehorchen.« 8 Mose besprengte das Volk mit dem Blut aus den Becken und sagte: »Dieses Blut besiegelt den Bund, den der Herr mit euch geschlossen hat, indem er euch diese Gesetze gab.«

Matthäus 5,17-20

17 Versteht nicht falsch, warum ich gekommen bin. Ich bin nicht gekommen, um das Gesetz oder die Schriften der Propheten abzuschaffen. Im Gegenteil, ich bin gekommen, um sie zu erfüllen. 18 Ich versichere euch: Solange der Himmel und die Erde bestehen, wird selbst die kleinste Einzelheit von Gottes Gesetz gültig bleiben, so lange, bis ihr Zweck erfüllt ist. 19 Wenn ihr also das kleinste Gebot brecht und andere dazu ermuntert, dasselbe zu tun, werdet ihr auch die Geringsten im Himmelreich sein. Dagegen wird jeder, der die Gesetze Gottes befolgt und sie anderen erklärt, im Himmelreich groß sein. 20 Aber ich warne euch - nur wenn eure Gerechtigkeit die der Schriftgelehrten und Pharisäer weit übertrifft, dürft ihr ins Himmelreich hinein.

DIENSTAG

LESEN:
2. Mose 24, 3-8; Matthäus 5, 17-20

SOAP:
Matthäus 5, 17

Schrift

SCHREIBE DIE
BIBELSTELLE AB.

Beobachtung

SCHREIBE EIN ODER
ZWEI DINGE AUF,
DIE DU BEOBACHTEST
ODER BEMERKT HAST
(Z.B. STIMMUNG, ORT,
ZEIT, EINZELNE WÖRTER).

Anwendung

SCHREIBE EIN ODER
ZWEI DINGE AUF, DIE
DIESER VERS FÜR DICH
PERSÖNLICH BEDEUTET
UND WIE DU IHN PRAKTISCH
ANWENDEN KANNST.

Gebet

SCHREIBE DAS,
WAS DU HEUTE
ERKANNT HAST
IN FORM EINES
GEBETES AUF.

MITTWOCH
Bibelstellen für Woche 2

2. Mose 31,12-17

12 Danach sprach der Herr zu Mose: 13 »Befiehl den Israeliten: Haltet meine Sabbate, denn sie sind ein Zeichen des ewigen Bundes zwischen mir und euch für alle Zeiten. Dadurch sollt ihr erkennen, dass ich, der Herr, euch heilige. 14 Haltet den Sabbat, denn er soll euch heilig sein. Wer ihn entweiht, muss mit dem Tod bestraft werden; wer an diesem Tag arbeitet, muss aus seinem Volk ausgestoßen werden und sterben. 15 Arbeitet nur sechs Tage, der siebte Tag soll ein Tag vollkommener Ruhe sein, geheiligt für den Herrn. Jeder, der am Sabbat arbeitet, soll mit dem Tod bestraft werden. 16 Die Israeliten sollen den Sabbat für alle Zeiten halten. 17 Er ist ein ewiges Zeichen meines Bundes mit ihnen. Denn in sechs Tagen hat der Herr Himmel und Erde geschaffen, doch am siebten Tage ruhte er aus und erholte sich.«

Markus 2,23-3,6

23 Als Jesus an einem Sabbat durch die Kornfelder ging, fingen seine Jünger an, Weizenähren abzureißen. 24 Da sagten die Pharisäer zu Jesus: »Das dürfen sie nicht! Es ist gegen das Gesetz, am Sabbat zu arbeiten und Getreide zu ernten.« 25 Doch Jesus entgegnete: »Habt ihr nie in der Schrift gelesen, was David tat, als er und seine Begleiter hungrig waren? 26 Er ging in das Haus Gottes (zu der Zeit, als Abjatar Hoher Priester war), aß das besondere Brot, das nur den Priestern vorbehalten ist, und gab auch seinen Begleitern davon. Auch das war ein Verstoß gegen das Gesetz.« 27 Und er fuhr fort: »Der Sabbat wurde zum Wohl des Menschen gemacht und nicht der Mensch für den Sabbat. 28 Und deshalb ist der Menschensohn auch Herr über den Sabbat!«

3,1 Wieder ging Jesus in die Synagoge. Dort bemerkte er einen Mann mit einer verkrüppelten Hand. 2 Seine Gegner beobachteten ihn ganz genau. Wenn er am Sabbat die Hand des Mannes heilen würde, dann könnten sie ihn anklagen. 3 Jesus sagte zu dem Mann: »Komm her und tritt in die Mitte.« 4 Dann wandte er sich an seine Gegner und fragte: »Ist es nach dem Gesetz erlaubt, am Sabbat Gutes zu tun, oder ist es ein Tag, um Böses zu tun? Ist dies ein Tag, um Leben zu retten oder zu vernichten?« Doch sie schwiegen. 5 Zornig und erschüttert über ihre Hartherzigkeit sah er sie an. Dann forderte er den Mann auf: »Streck deine Hand aus.« Der Mann streckte seine Hand aus und sie wurde wieder gesund! 6 Daraufhin zogen sich die Pharisäer zurück und trafen sich heimlich mit den Anhängern des Herodes, um zu planen, wie sie Jesus töten könnten.

MITTWOCH

LESEN:
2. Mose 31, 12-17; Markus 2, 23-3, 6

SOAP:
Markus 2, 27-28

Schrift

SCHREIBE DIE
BIBELSTELLE AB.

Beobachtung

SCHREIBE EIN ODER
ZWEI DINGE AUF,
DIE DU BEOBACHTEST
ODER BEMERKT HAST
(Z.B. STIMMUNG, ORT,
ZEIT, EINZELNE WÖRTER).

Anwendung

SCHREIBE EIN ODER
ZWEI DINGE AUF, DIE
DIESER VERS FÜR DICH
PERSÖNLICH BEDEUTET
UND WIE DU IHN PRAKTISCH
ANWENDEN KANNST.

Gebet

SCHREIBE DAS,
WAS DU HEUTE
ERKANNT HAST
IN FORM EINES
GEBETES AUF.

DONNERSTAG

Bibelstellen für Woche 2

2. Samuel 7, 1-17

1 Als der König in seinem Palast wohnte und der Herr dem Land Frieden geschenkt hatte, 2 ließ der König den Propheten Nathan rufen. »Sieh doch«, sagte er, »ich lebe hier in diesem herrlichen Palast aus Zedern und die Lade Gottes steht in einem Zelt.« 3 Nathan antwortete: »Fang an und verwirkliche, was du vorhast, denn der Herr ist mit dir!« 4 Doch noch in derselben Nacht sprach der Herr zu Nathan: 5 »Geh zu meinem Diener David und sag ihm: ʿSo spricht der Herr: Glaubst du, dass du mir ein Haus bauen sollst, in dem ich wohne? 6 Seit dem Tag, an dem ich die Israeliten aus Ägypten herausgeführt habe, habe ich noch nie in einem Tempel gewohnt. Bis heute ist meine Wohnung immer ein Zelt gewesen, mit dem ich umhergezogen bin. 7 Und ich habe mich nie bei den führenden Männern Israels, den Hirten meines Volkes Israel, darüber beklagt. Ich habe sie nie gefragt: »Warum habt ihr mir kein Haus aus Zedern gebaut?«ʾ

8 Darum sollst du jetzt meinem Diener David ausrichten: ʿSo spricht der Herr, der Allmächtige: Ich habe dich zum Herrscher über mein Volk Israel gemacht, als du noch draußen auf dem Feld die Schafe gehütet hast. 9 Ich bin mit dir gewesen, was immer du unternommen hast, und habe alle deine Feinde vernichtet. Und ich habe deinen Namen berühmt gemacht; er gehört zu den Namen der Großen auf Erden. 10 Meinem Volk Israel werde ich eine Heimat geben, einen sicheren Ort, an dem ihm nichts geschieht. Es wird sein Land sein, in dem feindliche Völker es nicht mehr unterdrücken dürfen, wie es bisher der Fall war, 11 seit der Zeit, in der ich Richter ernannte, die über mein Volk herrschen sollten. Und ich will dich vor allen deinen Feinden beschützen. Und nun kündigt der Herr dir an, dass er dir ein Haus bauen wird. 12 Denn wenn du stirbst, werde ich einen deiner Nachkommen als deinen Nachfolger einsetzen und werde sein Königtum festigen. 13 Er wird dann für mich, für meinen Namen, ein Haus bauen. Und ich werde seiner Herrschaft für immer Bestand geben. 14 Ich will sein Vater sein und er soll mein Sohn sein. Wenn er sündigt, werde ich ihn durch andere Völker strafen. 15 Aber meine Gnade will ich ihm nie entziehen, wie ich sie Saul entzogen habe, dem ich zu deinen Gunsten die Herrschaft weggenommen habe. 16 Dein Haus und deine Königsherrschaft werden für alle Zeit vor mir bestehen bleiben und dein Thron wird für immer feststehen.ʾ« 17 Nathan berichtete David alles, was der Herr ihm gesagt hatte.

Matthäus 1, 1-17

1 Dies ist ein Verzeichnis der Vorfahren von Jesus Christus, einem Nachkommen des Königs David und Abrahams: 2 Abraham war der Vater von Isaak. Isaak war der Vater von Jakob. Jakob war der Vater von Juda und seinen Brüdern. 3 Juda war der Vater von Perez und Serach (ihre Mutter war Tamar). Perez war der Vater von Hezron. Hezron war der Vater von Ram. 4 Ram war der Vater von Amminadab. Amminadab war der Vater von Nachschon. Nachschon war der Vater von Salmon. 5 Salmon war der Vater von Boas (seine Mutter war Rahab). Boas war der Vater von Obed (seine Mutter war Rut). Obed war der Vater von Isai. 6 Isai war der Vater von König

David. David war der Vater von König Salomo (seine Mutter war die Frau von Uria). 7 Salomo war der Vater von Rehabeam. Rehabeam war der Vater von Abija. Abija war der Vater von Asa. 8 Asa war der Vater von Joschaphat. Joschaphat war der Vater von Joram. Joram war der Vater von Usija. 9 Usija war der Vater von Jotam. Jotam war der Vater von Ahas. Ahas war der Vater von Hiskia. 10 Hiskia war der Vater von Manasse. Manasse war der Vater von Amon. Amon war der Vater von Josia. 11 Josia war der Vater von Jojachin und seinen Brüdern (die in der Zeit des babylonischen Exils geboren wurden). 12 Nach dem babylonischen Exil: Jojachin war der Vater von Schealtiël. Schealtiël war der Vater von Serubbabel. 13 Serubbabel war der Vater von Abihud. Abihud war der Vater von Eljakim. Eljakim war der Vater von Asor. 14 Asor war der Vater von Zadok. Zadok war der Vater von Achim. Achim war der Vater von Eliud. 15 Eliud war der Vater von Eleasar. Eleasar war der Vater von Mattan. Mattan war der Vater von Jakob. 16 Jakob war der Vater von Josef, dem Ehemann Marias. Maria war die Mutter von Jesus, der Christus genannt wird. 17 Von Abraham bis König David sind es insgesamt vierzehn Generationen, von David bis zum babylonischen Exil wiederum vierzehn, und noch einmal vierzehn Generationen nach dem babylonischen Exil bis zu Christus.

NOTIZEN

DONNERSTAG

LESEN:
2. Samuel 7, 1-17; Matthäus 1, 1-17

SOAP:
2. Samuel 7, 16

Schrift

SCHREIBE DIE
BIBELSTELLE AB.

Beobachtung

SCHREIBE EIN ODER
ZWEI DINGE AUF,
DIE DU BEOBACHTEST
ODER BEMERKT HAST
(Z.B. STIMMUNG, ORT,
ZEIT, EINZELNE WÖRTER).

Anwendung

SCHREIBE EIN ODER
ZWEI DINGE AUF, DIE
DIESER VERS FÜR DICH
PERSÖNLICH BEDEUTET
UND WIE DU IHN PRAKTISCH
ANWENDEN KANNST.

Gebet

SCHREIBE DAS,
WAS DU HEUTE
ERKANNT HAST
IN FORM EINES
GEBETES AUF.

FREITAG
Bibelstellen für Woche 2

2. Samuel 7,18-29

18 Da ging König David hinein, setzte sich vor dem Herrn nieder und betete: »Wer bin ich, Gott, mein Herr, und was ist meine Familie, dass du mich so weit gebracht hast? 19 Und jetzt, Gott, mein Herr, gibst du mir und meinen Nachkommen zu allem anderen auch noch eine Zusage, die bis in die ferne Zukunft reicht. Ist das allen Menschen bestimmt, Gott, mein Herr? 20 Was kann ich noch zu dir sagen? Du kennst mich, deinen Diener, genau, Gott, mein Herr. 21 Weil du es zugesagt hast und weil es dein Wille war, hast du all dies Große getan und es mich erkennen lassen. 22 Du bist groß, Gott, mein Herr! Keiner ist dir gleich und es gibt keinen anderen Gott. Wir haben nie auch nur von einem anderen Gott wie dir gehört. 23 Welches andere Volk auf Erden ist wie dein Volk Israel? Welches andere Volk, mein Gott, hast du aus der Sklaverei erlöst und zu deinem eigenen Volk erwählt? Du hast ihm einen Namen gemacht, als du dein Volk aus Ägypten gerettet hast. Du hast große und Furcht erregende Wunder für dein Volk vollbracht und die anderen Völker und Götter vertrieben. 24 Du hast Israel auf ewig zu deinem Volk gemacht, und du, Herr, bist sein Gott geworden. 25 Und jetzt, Herr und Gott, tu, was du mir und meiner Familie zugesagt hast und bestätige diese Zusage für alle Zeiten. 26 Dann wird dein Name für immer groß sein und überall wird man sagen: `Der Herr, der Allmächtige, ist Gott über Israel!´ Und das Königshaus deines Dieners David wird vor dir Bestand haben. 27 Allmächtiger Herr, Gott Israels, ich wage es, so zu dir zu beten, weil du mir offenbart hast, dass du mir ein Haus bauen willst! 28 Denn du bist der wahre Gott, Gott, mein Herr. Deine Worte sind Wahrheit, und du hast mir, deinem Diener, all dies Gute zugesagt. 29 Jetzt segne die Familie deines Dieners, damit sie für immer vor dir Bestand hat. Du selbst hast es zugesagt und wenn du deinem Diener und seiner Familie einen Segen gewährst, Gott, mein Herr, so ist es ein Segen für immer!«

Offenbarung 22,16

16 Ich, Jesus, habe meinen Engel geschickt, um euch diese Botschaft für die Gemeinden zu bezeugen. Ich bin der Ursprung Davids und zugleich sein Nachkomme. Ich bin der glänzende Morgenstern.«

FREITAG

LESEN:
2. Samuel 7, 18-29; Offenbarung 22, 16

SOAP:
2. Samuel 17, 28-29

Schrift

SCHREIBE DIE
BIBELSTELLE AB.

Beobachtung

SCHREIBE EIN ODER
ZWEI DINGE AUF,
DIE DU BEOBACHTEST
ODER BEMERKT HAST
(Z.B. STIMMUNG, ORT,
ZEIT, EINZELNE WÖRTER).

Anwendung

SCHREIBE EIN ODER
ZWEI DINGE AUF, DIE
DIESER VERS FÜR DICH
PERSÖNLICH BEDEUTET
UND WIE DU IHN PRAKTISCH
ANWENDEN KANNST.

Gebet

SCHREIBE DAS,
WAS DU HEUTE
ERKANNT HAST
IN FORM EINES
GEBETES AUF.

REFLEKTION

1. Warum soll, Gott zu lieben, höchste Priorität in unserem Leben haben? Welche Auswirkung hat das auf unseren Alltag? Liebst du Gott in deinem Alltag?

2. Warum gebietet Gott uns, unseren Nächsten zu lieben? Setzt du Nächstenliebe in deinem Alltag um? Wie?

3. Was ist damit gemeint, dass Christus gekommen ist, um das Gesetz zu erfüllen und nicht um es abzuschaffen? Heißt das, dass wir uns an die Gesetze des Alten Testaments halten müssen? Begründe deine Antwort.

4. Wie reagierte David auf Gottes Verheißung? Was ist daran bemerkenswert?

5. Hat Gott Seinen Bund mit David erfüllt? Wie?

NOTIZEN

WOCHE 3

Wir sind uns darin so sicher, weil wir durch Christus großes Vertrauen zu Gott haben. Wir halten uns selbst nicht dazu fähig, irgendetwas zu bewirken, was bleibenden Wert hätte. Unsere Kraft dazu kommt von Gott. Er hat uns befähigt, Diener seines neuen Bundes zu sein, eines Bundes, der nicht auf schriftlichen Gesetzen beruht, sondern auf dem Geist Gottes. Der alte Weg führt in den Tod, aber auf dem neuen Weg schenkt der Heilige Geist Leben.

2. KORINTHER 3, 4-6

GEBET

Gebetsfokus für diese Woche:
Nimm dir Zeit um für deine Freundschaften zu beten.

MONTAG

DIENSTAG

MITTWOCH

DONNERSTAG

FREITAG

HERAUSFORDERUNG

In welchen Punkten bist du in deinem Leben „gesetzlich" geworden? Denke diese Woche
darüber nach, wie treu dir Gott ist, unabhängig von deinen Taten. Wie kannst du dich auf
deinem Weg mit Gott frei machen von Gesetzlichkeit und Werksgerechtigkeit?

MONTAG

Bibelstellen für Woche 3

Römer 7, 6

6 Doch jetzt sind wir vom Gesetz befreit, denn wir sind mit Christus gestorben und der Macht des Gesetzes nicht länger unterstellt. Deshalb können wir Gott von nun an in einer neuen Weise dienen - nicht wie früher durch Einhaltung jedes einzelnen Buchstabens des Gesetzes, sondern durch den Heiligen Geist.

Römer 8, 1-4

1 Also gibt es jetzt für die, die zu Christus Jesus gehören, keine Verurteilung mehr. 2 Denn die Macht des Geistes, der Leben gibt, hat dich durch Christus Jesus von der Macht der Sünde befreit, die zum Tod führt. 3 Das Gesetz konnte uns nicht retten, weil unsere menschliche Natur ihm widerstand. Deshalb sandte Gott seinen Sohn zu uns. Er kam in menschlicher Gestalt wie wir, aber ohne Sünde. Gott zerstörte die Herrschaft der Sünde über uns, indem er seinen Sohn stellvertretend für unsere Schuld verurteilte. 4 Das tat er, damit die gerechten Forderungen des Gesetzes durch uns erfüllt würden und wir uns nicht länger von unserer menschlichen Natur, sondern vom Geist Gottes leiten lassen.

MONTAG

LESEN:
Römer 7, 6; Römer 8, 1-4

SOAP:
Römer 8, 3-4

Schrift

SCHREIBE DIE
BIBELSTELLE AB.

Beobachtung

SCHREIBE EIN ODER
ZWEI DINGE AUF,
DIE DU BEOBACHTEST
ODER BEMERKT HAST
(Z.B. STIMMUNG, ORT,
ZEIT, EINZELNE WÖRTER).

Anwendung

SCHREIBE EIN ODER
ZWEI DINGE AUF, DIE
DIESER VERS FÜR DICH
PERSÖNLICH BEDEUTET
UND WIE DU IHN PRAKTISCH
ANWENDEN KANNST.

Gebet

SCHREIBE DAS,
WAS DU HEUTE
ERKANNT HAST
IN FORM EINES
GEBETES AUF.

DIENSTAG

Bibelstellen für Woche 3

Jeremia 31,31-37

31 Es wird der Tag kommen«, spricht der Herr, »an dem ich einen neuen Bund mit dem Volk Israel und mit dem Volk Juda schließen werde. 32 Dieser Bund wird nicht so sein wie der, den ich mit ihren Vorfahren schloss, als ich sie an der Hand nahm und aus Ägypten herausführte. Sie sind meinem Bund nicht treu geblieben, deshalb habe ich mich von ihnen abgewandt«, spricht der Herr. 33 »Doch dies ist der neue Bund, den ich an jenem Tage mit dem Volk Israel schließen werde«, spricht der Herr. »Ich werde ihr Denken mit meinem Gesetz füllen, und ich werde es in ihr Herz schreiben. Und ich werde ihr Gott sein und sie werden mein Volk sein.

34 Niemand muss dann noch seine Freunde belehren und keiner seinen Bruder ermahnen: `Lerne den Herrn kennen!´ Denn alle werden mich kennen, alle, vom Kleinsten bis hin zum Größten«, spricht der Herr. »Und ich will ihnen ihre Sünden vergeben und nicht mehr an ihre bösen Taten denken.«

35 Der Herr hat die Sonne an den Himmel gesetzt als Licht für den Tag. Er hat den Mond und die Sterne am Himmel in einer festen Ordnung festgesetzt als Lichter für die Nacht. Er wühlt das Meer auf, sodass die Wellen tosen. Sein Name lautet `Herr, der Allmächtige´, und er spricht:

36 »So gewiss diese festen Ordnungen in der Natur bestehen, genauso gewiss sorge ich dafür, dass die Nachkommen Israels für alle Zeit mein Volk sein werden.

37 Genauso wenig, wie die Spannweite des Himmels ausgemessen werden kann oder die Fundamente der Erde ermessen werden können, genauso wenig will ich die Nachkommen Israels verstoßen, trotz allem, was Israel getan hat. Ich, der Herr, habe gesprochen!

DIENSTAG

LESEN:
Jeremia 31, 31-37

SOAP:
Jeremia 31, 33

Schrift

SCHREIBE DIE
BIBELSTELLE AB.

Beobachtung

SCHREIBE EIN ODER
ZWEI DINGE AUF,
DIE DU BEOBACHTEST
ODER BEMERKT HAST
(Z.B. STIMMUNG, ORT,
ZEIT, EINZELNE WÖRTER).

Anwendung

SCHREIBE EIN ODER
ZWEI DINGE AUF, DIE
DIESER VERS FÜR DICH
PERSÖNLICH BEDEUTET
UND WIE DU IHN PRAKTISCH
ANWENDEN KANNST.

Gebet

SCHREIBE DAS,
WAS DU HEUTE
ERKANNT HAST
IN FORM EINES
GEBETES AUF.

MITTWOCH

Bibelstellen für Woche 3

Hebräer 8,6-13

6 Der Hohe Priester, von dem wir sprechen, hat dagegen ein weit höheres Amt erhalten, weil er der Vermittler eines besseren Bundes mit Gott ist, welcher auf besseren Zusagen beruht.

7 Hätte der erste Bund keine Mängel gehabt, wäre es nicht nötig gewesen, ihn durch einen zweiten zu ersetzen. 8 Aber Gott tadelte sein Volk und sagte: »Es wird ein Tag kommen, spricht der Herr, an dem ich einen neuen Bund mit dem Volk Israel und mit dem Volk Juda schließen werde.

9 Dieser Bund wird nicht so sein wie der, den ich mit ihren Vorfahren schloss, als ich sie an der Hand nahm und aus Ägypten führte. Sie sind meinem Bund nicht treu geblieben, deshalb habe ich mich von ihnen abgewandt, spricht der Herr.

10 Doch dies ist der neue Bund, den ich an jenem Tag mit dem Volk Israel schließen werde, spricht der Herr: Ich werde ihr Denken mit meinem Gesetz füllen, und ich werde es in ihr Herz schreiben. Ich werde ihr Gott sein und sie werden mein Volk sein.

11 Und keiner wird mehr seinen Mitbürger oder Bruder belehren müssen: ʽDu musst den Herrn erkennen.ʼ Denn jeder, vom Kleinen bis zum Großen, wird mich bereits kennen.

12 Und ich werde ihr Unrecht vergeben und nie wieder an ihre Sünden denken.«

13 Wenn Gott von einem neuen Bund spricht, bedeutet dies, dass er den ersten für veraltet erklärt. Der alte Bund ist damit überholt, und sein Ende steht bevor.

2. Korinther 3,4-6

4 Wir sind uns darin so sicher, weil wir durch Christus großes Vertrauen zu Gott haben. 5 Wir halten uns selbst nicht dazu fähig, irgendetwas zu bewirken, was bleibenden Wert hätte. Unsere Kraft dazu kommt von Gott. 6 Er hat uns befähigt, Diener seines neuen Bundes zu sein, eines Bundes, der nicht auf schriftlichen Gesetzen beruht, sondern auf dem Geist Gottes. Der alte Weg führt in den Tod, aber auf dem neuen Weg schenkt der Heilige Geist Leben.

MITTWOCH

LESEN:
Hebräer 8, 6-13; 2. Korinther 3, 4-6

SOAP:
2. Korinther 3, 4-6

Schrift

SCHREIBE DIE
BIBELSTELLE AB.

Beobachtung

SCHREIBE EIN ODER
ZWEI DINGE AUF,
DIE DU BEOBACHTEST
ODER BEMERKT HAST
(Z.B. STIMMUNG, ORT,
ZEIT, EINZELNE WÖRTER).

Anwendung

SCHREIBE EIN ODER
ZWEI DINGE AUF, DIE
DIESER VERS FÜR DICH
PERSÖNLICH BEDEUTET
UND WIE DU IHN PRAKTISCH
ANWENDEN KANNST.

Gebet

SCHREIBE DAS,
WAS DU HEUTE
ERKANNT HAST
IN FORM EINES
GEBETES AUF.

DONNERSTAG
Bibelstellen für Woche 3

Matthäus 26,26–30

26 Während sie aßen, nahm Jesus einen Laib Brot, dankte und bat Gott um seinen Segen. Dann brach er ihn in Stücke und gab sie den Jüngern mit den Worten: »Nehmt und esst, denn das ist mein Leib.« 27 Und dann nahm er einen Becher mit Wein und dankte Gott dafür. Er gab ihn seinen Jüngern und sagte: »Jeder von euch soll davon trinken, 28 denn das ist mein Blut, das den Bund zwischen Gott und den Menschen besiegelt. Es wird vergossen, um die Sünden vieler Menschen zu vergeben. 29 Merkt euch meine Worte - ich werde keinen Wein mehr trinken bis zu dem Tag, an dem ich ihn wieder mit euch im Reich meines Vaters trinken werde.« 30 Dann sangen sie ein Loblied und gingen hinaus auf den Ölberg.

Hebräer 9,15

15 Aus diesem Grund ist er der Vermittler eines neuen Bundes zwischen Gott und den Menschen, damit alle, die dazu berufen sind, das ewige Erbe empfangen können, das Gott ihnen versprochen hat. Denn Christus starb, um sie von der Strafe für die Sünden zu befreien, die sie zur Zeit des ersten Bundes begangen hatten.

DONNERSTAG

LESEN:
Matthäus 26, 26-30; Hebräer 9, 15

SOAP:
Hebräer 9, 15

Schrift

SCHREIBE DIE
BIBELSTELLE AB.

Beobachtung

SCHREIBE EIN ODER
ZWEI DINGE AUF,
DIE DU BEOBACHTEST
ODER BEMERKT HAST
(Z.B. STIMMUNG, ORT,
ZEIT, EINZELNE WÖRTER).

Anwendung

SCHREIBE EIN ODER
ZWEI DINGE AUF, DIE
DIESER VERS FÜR DICH
PERSÖNLICH BEDEUTET
UND WIE DU IHN PRAKTISCH
ANWENDEN KANNST.

Gebet

SCHREIBE DAS,
WAS DU HEUTE
ERKANNT HAST
IN FORM EINES
GEBETES AUF.

FREITAG

Bibelstellen für Woche 3

Lukas 22,14-20

14 Als es so weit war, nahmen Jesus und die Jünger miteinander am Tisch Platz. 15 Jesus sagte: »Ich habe mich sehr danach gesehnt, dieses Passahmahl mit euch zu feiern, bevor mein Leiden beginnt. 16 Denn ich sage euch jetzt, ich werde es nicht wieder essen, bis es sich im Reich Gottes erfüllt.« 17 Dann nahm er einen Becher mit Wein, und nachdem er Gott dafür gedankt hatte, sagte er: »Nehmt ihn und teilt ihn unter euch. 18 Denn ich werde keinen Wein mehr trinken, bis das Reich Gottes gekommen ist.« 19 Dann nahm er ein Brot, und nachdem er Gott dafür gedankt hatte, brach er es in Stücke und reichte es den Jüngern mit den Worten: »Dies ist mein Leib, der für euch gegeben wird. Tut das zur Erinnerung an mich.« 20 Nach dem Essen nahm er einen weiteren Becher mit Wein und sagte: »Dieser Wein ist das Zeichen des neuen Bundes - ein Bund, der mit dem Blut besiegelt wird, das ich für euch vergießen werde.

1. Korinther 11,23-34

23 Das Folgende hat der Herr selbst gesagt, und ich gebe es euch so weiter, wie ich es empfangen habe: In der Nacht, als er verraten wurde, nahm Jesus, der Herr, einen Laib Brot, 24 und nachdem er Dank gesagt hatte, brach er ihn und sprach: »Das ist mein Leib; euch ist er zugedacht. Tut das zur Erinnerung an mich.« 25 Ebenso nahm er nach dem Abendmahl den Weinkelch und sprach: »Dieser Kelch ist der neue Bund zwischen Gott und euch, besiegelt durch mein Blut. Wann immer ihr daraus trinkt, tut es zur Erinnerung an mich.« 26 Denn jedes Mal, wenn ihr dieses Brot esst und aus diesem Kelch trinkt, verkündet ihr den Tod des Herrn, bis er wiederkommt.

27 Wer also unwürdig dieses Brot isst oder aus diesem Kelch des Herrn trinkt, der macht sich am Leib und am Blut des Herrn schuldig. 28 Deshalb solltet ihr euch prüfen, bevor ihr das Brot esst und aus dem Kelch trinkt. 29 Denn wenn ihr unwürdig das Brot esst und aus dem Kelch trinkt und damit den Leib Christi entehrt, dann esst und trinkt ihr euch zum Gericht Gottes. 30 Aus diesem Grund sind viele von euch schwach und krank, und einige sind sogar gestorben. 31 Würden wir uns jedoch selbst prüfen, dann würden wir nicht gerichtet werden. 32 Wenn wir aber vom Herrn geprüft und gerichtet werden, werden wir bestraft - und das geschieht, damit wir nicht zusammen mit der Welt verurteilt werden. 33 Deshalb wartet aufeinander, liebe Brüder, wenn ihr zum Abendmahl zusammenkommt. 34 Wenn ihr wirklich hungrig seid, dann esst vorher zu Hause, damit ihr nicht zum Gericht zusammenkommt, wenn ihr euch versammelt. In den anderen Angelegenheiten werde ich euch nach meiner Ankunft entsprechende Anweisungen geben.

FREITAG

LESEN:
Lukas 22, 14-20; 1. Korinther 11, 23-34

SOAP:
1. Korinther 11, 25-26

Schrift

SCHREIBE DIE
BIBELSTELLE AB.

Beobachtung

SCHREIBE EIN ODER
ZWEI DINGE AUF,
DIE DU BEOBACHTEST
ODER BEMERKT HAST
(Z.B. STIMMUNG, ORT,
ZEIT, EINZELNE WÖRTER).

Anwendung

SCHREIBE EIN ODER
ZWEI DINGE AUF, DIE
DIESER VERS FÜR DICH
PERSÖNLICH BEDEUTET
UND WIE DU IHN PRAKTISCH
ANWENDEN KANNST.

Gebet

SCHREIBE DAS,
WAS DU HEUTE
ERKANNT HAST
IN FORM EINES
GEBETES AUF.

REFLEKTION

1. Warum kann uns das Gesetz nicht retten? Wie hat Christus erreicht, was das Gesetz nicht vermochte?

2. Warum musste Gott einen Bund mit Israel und Juda schließen? Was ist dieser neue Bund?

3. Wie begründet Christus diesen neuen Bund Gottes? Was verlangt der neue Bund von uns?

4. Was erhalten wir unter dem neuen Bund von Christus?

5. In welcher Verbindung steht das Abendmahl mit dem neuen Bund? Warum ist es für die Nachfolger Christi ein wichtiges Sakrament, an dem sie teilnehmen sollen?

NOTIZEN

WOCHE 4

Aber der Engel beruhigte sie. »Habt keine Angst!«, sagte er. »Ich bringe eine gute Botschaft für alle Menschen! Der Retter - ja, Christus, der Herr - ist heute Nacht in Bethlehem, der Stadt Davids, geboren worden!

LUKAS 2, 10-11

GEBET

Gebetsfokus für diese Woche:
Nimm dir Zeit um für deine Gemeinde zu beten.

MONTAG

DIENSTAG

MITTWOCH

DONNERSTAG

FREITAG

HERAUSFORDERUNG

Bevor die Geschäftigkeit der Weihnachtsfeiertage überhand nehmen, entscheide dich, dir
jeden Tag bewusst Zeit mit Gott zu nehmen. Er ist der Grund, warum wir jetzt feiern!
Wie könntest du Sein Kommen auf die Erde besser feiern, als jeden Tag Zeit mit Ihm zu
verbringen, Ihn anzubeten und Seine Treue, Seine Verheißungen und das Geschenk, das
Er uns in Jesus gemacht hat, zu preisen?! Lass dein Leben von Dankbarkeit für Seine Treue
geprägt sein, indem du Ihm deinerseits treu bleibst.

MONTAG

Lukas 1,1-25

1 Verehrter Theophilus, viele haben schon über die Ereignisse geschrieben, die bei uns geschehen sind. 2 Dabei haben sie die Berichte der ersten Jünger zugrunde gelegt, die mit eigenen Augen gesehen haben, wie Gott seine Verheißungen erfüllt hat. 3 Ich habe alle diese Berichte von Anfang an sorgfältig studiert und beschlossen, alles in geordneter Folge für dich aufzuzeichnen. 4 Auf diese Weise kannst du dich von der Zuverlässigkeit der Lehre überzeugen, in der du unterrichtet wurdest.

5 Zu der Zeit, als Herodes König von Judäa war, lebte ein jüdischer Priester namens Zacharias. Er war Priester von der Ordnung des Abija, und auch seine Frau Elisabeth stammte aus dem Priestergeschlecht Aarons. 6 Zacharias und seine Frau führten ein gottesfürchtiges Leben und befolgten alle Gebote und Vorschriften des Herrn. 7 Sie hatten keine Kinder, weil Elisabeth unfruchtbar war, und jetzt waren sie beide schon sehr alt.

8 Eines Tages, als Zacharias seinen Dienst im Tempel verrichtete, weil in dieser Woche seine Ordnung an der Reihe war, 9 wurde er nach priesterlichem Brauch durch das Los dazu ausgewählt, das Heiligtum zu betreten, um das Rauchopfer darzubringen. 10 Währenddessen stand draußen eine große Menschenmenge und betete. 11 Als Zacharias im Heiligtum war, erschien ihm ein Engel des Herrn. Dieser stand rechts neben dem Altar für das Rauchopfer. 12 Zacharias erschrak bis ins Herz, 13 doch der Engel sagte: »Hab keine Angst, Zacharias! Gott hat dein Gebet erhört. Deine Frau Elisabeth wird dir einen Sohn schenken, und du sollst ihn Johannes nennen. 14 Du wirst überglücklich sein bei seiner Geburt, und viele Menschen werden sich mit dir freuen, 15 denn er wird in den Augen des Herrn groß sein. Er wird keinen Wein oder andere berauschenden Getränke anrühren und schon vor seiner Geburt mit dem Heiligen Geist erfüllt werden. 16 Und er wird viele Israeliten dazu bringen, sich wieder dem Herrn, ihrem Gott, zuzuwenden. 17 Er wird ein Mann mit dem Geist und der Kraft des Propheten Elia sein, der dem Herrn vorausgeht und das Volk auf seine Ankunft vorbereitet. Er wird die Herzen der Väter ihren Kindern zuwenden und die Ungehorsamen dazu bewegen, sich der göttlichen Weisheit zu öffnen.«

18 Zacharias fragte den Engel: »Wie kann ich sicher sein, dass das wirklich geschehen wird? Ich bin jetzt ein alter Mann, und auch meine Frau ist schon in fortgeschrittenem Alter.« 19 Da sagte der Engel: »Ich bin Gabriel. Ich habe meinen Platz in der Gegenwart Gottes. Er hat mich mit dieser frohen Botschaft zu dir gesandt! 20 Weil du meinen Worten nicht geglaubt hast, wirst du nicht mehr sprechen können, bis das Kind geboren ist. Denn meine Worte werden sich erfüllen, wenn die Zeit gekommen ist.«

21 Mittlerweile warteten die Menschen draußen auf Zacharias und wunderten sich, wo er so lang blieb. 22 Als er endlich heraustrat, konnte er nicht zu ihnen sprechen. An seinen Gesten erkannten sie jedoch, dass er im Heiligtum des Tempels eine Vision gehabt hatte. 23 Er blieb im Tempel, bis die Zeit seines Dienstes vorüber war, und ging dann nach Hause.

24 Kurze Zeit später wurde seine Frau Elisabeth schwanger. Sie zog sich fünf Monate lang zurück. 25 »Wie gütig doch der Herr ist!«, rief sie. »Er hat mich von der Schande der Kinderlosigkeit befreit!«

MONTAG

LESEN:
Lukas 1, 1-25

SOAP:
Lukas 1, 25

Schrift

SCHREIBE DIE
BIBELSTELLE AB.

Beobachtung

SCHREIBE EIN ODER
ZWEI DINGE AUF,
DIE DU BEOBACHTEST
ODER BEMERKT HAST
(Z.B. STIMMUNG, ORT,
ZEIT, EINZELNE WÖRTER).

Anwendung

SCHREIBE EIN ODER
ZWEI DINGE AUF, DIE
DIESER VERS FÜR DICH
PERSÖNLICH BEDEUTET
UND WIE DU IHN PRAKTISCH
ANWENDEN KANNST.

Gebet

SCHREIBE DAS,
WAS DU HEUTE
ERKANNT HAST
IN FORM EINES
GEBETES AUF.

DIENSTAG

Lukas 1, 26-38

26 Als Elisabeth im sechsten Monat schwanger war, sandte Gott den Engel Gabriel nach Nazareth, in eine Stadt in Galiläa, 27 zu einem Mädchen, das noch Jungfrau war. Sie hieß Maria und war mit einem Mann namens Josef verlobt, einem Nachfahren von David. 28 Gabriel erschien ihr und sagte: »Sei gegrüßt! Du bist beschenkt mit großer Gnade! Der Herr ist mit dir!« 29 Erschrocken überlegte Maria, was der Engel damit wohl meinte. 30 Da erklärte er: »Hab keine Angst, Maria, denn du hast Gnade bei Gott gefunden. 31 Du wirst schwanger werden und einen Sohn zur Welt bringen, den du Jesus nennen sollst. 32 Er wird groß sein und Sohn des Allerhöchsten genannt werden. Gott, der Herr, wird ihn auf den Thron seines Vaters David setzen. 33 Er wird für immer über Israel herrschen, und sein Reich wird niemals untergehen!« 34 Maria fragte den Engel: »Aber wie kann ich ein Kind bekommen? Ich bin noch Jungfrau.« 35 Der Engel antwortete: »Der Heilige Geist wird über dich kommen, und die Macht des Allerhöchsten wird dich überschatten. Deshalb wird das Kind, das du gebären wirst, heilig und Sohn Gottes genannt werden.

36 Sieh doch: Deine Verwandte Elisabeth ist in ihrem hohen Alter noch schwanger geworden! Die Leute haben immer gesagt, sie sei unfruchtbar, und nun ist sie bereits im sechsten Monat. 37 Denn bei Gott ist nichts unmöglich.« 38 Maria antwortete: »Ich bin die Dienerin des Herrn und beuge mich seinem Willen. Möge alles, was du gesagt hast, wahr werden und mir geschehen.« Darauf verließ der Engel sie.

DIENSTAG

LESEN:
Lukas 1, 26-38

SOAP:
Lukas 1, 31-33

Schrift

SCHREIBE DIE
BIBELSTELLE AB.

Beobachtung

SCHREIBE EIN ODER
ZWEI DINGE AUF,
DIE DU BEOBACHTEST
ODER BEMERKT HAST
(Z.B. STIMMUNG, ORT,
ZEIT, EINZELNE WÖRTER).

Anwendung

SCHREIBE EIN ODER
ZWEI DINGE AUF, DIE
DIESER VERS FÜR DICH
PERSÖNLICH BEDEUTET
UND WIE DU IHN PRAKTISCH
ANWENDEN KANNST.

Gebet

SCHREIBE DAS,
WAS DU HEUTE
ERKANNT HAST
IN FORM EINES
GEBETES AUF.

MITTWOCH

Lukas 1,39-56

39 Einige Tage später beeilte sich Maria, ins Bergland von Judäa zu kommen, in die Stadt, 40 in der Zacharias lebte. Als sie das Haus betrat und Elisabeth begrüßte, 41 hüpfte Elisabeths Kind im Bauch seiner Mutter, und Elisabeth wurde vom Heiligen Geist erfüllt. 42 Sie rief Maria laut entgegen: »Du bist von Gott gesegnet vor allen anderen Frauen, und gesegnet ist auch dein Kind. 43 Welche Ehre, dass die Mutter meines Herrn mich besucht! 44 Als du das Haus betreten und mich begrüßt hast, hüpfte mein Kind beim Klang deiner Stimme vor Freude! 45 Gesegnet bist du, weil du geglaubt hast, dass der Herr tun wird, was er gesagt hat.«

46 Maria erwiderte: »Gelobt sei der Herr!

47 Wie freue ich mich an Gott, meinem Retter! 48 Er hat seiner unbedeutenden Magd Beachtung geschenkt, darum werden mich die Menschen in alle Ewigkeit glücklich preisen. 49 Denn er, der Mächtige, ist heilig, und er hat Großes für mich getan. 50 Seine Barmherzigkeit gilt von Generation zu Generation allen, die ihn ehren. 51 Sein mächtiger Arm vollbringt Wunder! Wie er die Stolzen und Hochmütigen zerstreut! 52 Er hat Fürsten vom Thron gestürzt und niedrig Stehende erhöht. 53 Die Hungrigen hat er mit Gutem gesättigt und die Reichen mit leeren Händen fortgeschickt. 54 Und nun hat er seinem Diener Israel geholfen! Er hat seine Verheißung nicht vergessen, barmherzig zu sein, 55 wie er es unseren Vorfahren verheißen hat, Abraham und seinen Kindern - für immer.«

56 Etwa drei Monate blieb Maria bei Elisabeth und kehrte dann nach Hause zurück.

MITTWOCH

LESEN:
Lukas 1, 39-56

SOAP:
Lukas 1, 46-50

Schrift

SCHREIBE DIE
BIBELSTELLE AB.

Beobachtung

SCHREIBE EIN ODER
ZWEI DINGE AUF,
DIE DU BEOBACHTEST
ODER BEMERKT HAST
(Z.B. STIMMUNG, ORT,
ZEIT, EINZELNE WÖRTER).

Anwendung

SCHREIBE EIN ODER
ZWEI DINGE AUF, DIE
DIESER VERS FÜR DICH
PERSÖNLICH BEDEUTET
UND WIE DU IHN PRAKTISCH
ANWENDEN KANNST.

Gebet

SCHREIBE DAS,
WAS DU HEUTE
ERKANNT HAST
IN FORM EINES
GEBETES AUF.

DONNERSTAG

Bibelstellen für Woche 4

Lukas 1,57-80

57 Als für Elisabeth die Zeit der Geburt kam, brachte sie einen Jungen zur Welt. 58 Schon bald hörten die Nachbarn und Freunde von der großen Barmherzigkeit, die der Herr ihr erwiesen hatte, und alle freuten sich von Herzen mit ihr.

59 Als das Kind acht Tage alt war, kamen die Verwandten und Freunde zur Beschneidungszeremonie. Sie wollten den Jungen nach seinem Vater Zacharias nennen. 60 Aber Elisabeth sagte: »Nein! Sein Name lautet Johannes!« 61 »Was?«, riefen sie aus. »In deiner ganzen Familie gibt es niemand, der diesen Namen trägt.« 62 Und sie wandten sich an den Vater des Kindes und befragten ihn mit Gesten. 63 Er ließ sich eine Schreibtafel bringen und schrieb zur Überraschung aller: »Sein Name ist Johannes!« 64 Im gleichen Augenblick konnte Zacharias wieder sprechen, und er fing an, Gott zu loben. 65 Ehrfürchtiges Staunen erfasste die Menschen in der ganzen Gegend. Die Nachricht von diesen Ereignissen verbreitete sich überall im Bergland von Judäa. 66 Alle, die davon erfuhren, dachten darüber nach und fragten sich: »Was wohl aus diesem Kind werden wird?« Denn es war offensichtlich, dass die Hand des Herrn mit ihm war.

67 Sein Vater Zacharias wurde mit dem Heiligen Geist erfüllt und weissagte:

68 »Gelobt sei der Herr, der Gott Israels, denn er ist zu seinem Volk gekommen und hat es erlöst. 69 Einen mächtigen Retter aus dem königlichen Geschlecht seines Knechtes David hat er uns gesandt, 70 wie er es vor langer Zeit durch seine heiligen Propheten versprochen hat.

71 Nun werden wir vor unseren Feinden und vor allen, die uns hassen, gerettet werden.

72 Er hat unseren Vorfahren Barmherzigkeit erwiesen, indem er seinen heiligen Bund mit ihnen nicht vergisst,

73 den Bund, den er mit unserem Stammvater Abraham schloss.

74 Wir wurden vor unseren Feinden gerettet,

75 damit wir Gott alle Tage unseres Lebens dienen können in Heiligkeit und Gerechtigkeit - ohne Furcht.

76 Und du, mein Kind, wirst Prophet des Allerhöchsten genannt werden, weil du dem Herrn den Weg ebnen wirst.

77 Du wirst seinem Volk verkünden, wie es Rettung finden kann durch die Vergebung seiner Sünden. 78 Durch die Güte und Barmherzigkeit Gottes wird nun das Licht des Himmels uns besuchen,

79 um die zu erleuchten, die in der Dunkelheit und im Schatten des Todes sitzen, und um uns auf den Weg des Friedens zu leiten.«

80 Johannes wuchs heran und wurde stark im Geist. Später lebte er draußen in der Wildnis, bis die Zeit seines öffentlichen Wirkens in Israel begann.

DONNERSTAG

LESEN:
Lukas 1, 57-80

SOAP:
Lukas 1, 68 + 72-73a

Schrift

SCHREIBE DIE
BIBELSTELLE AB.

Beobachtung

SCHREIBE EIN ODER
ZWEI DINGE AUF,
DIE DU BEOBACHTEST
ODER BEMERKT HAST
(Z.B. STIMMUNG, ORT,
ZEIT, EINZELNE WÖRTER).

Anwendung

SCHREIBE EIN ODER
ZWEI DINGE AUF, DIE
DIESER VERS FÜR DICH
PERSÖNLICH BEDEUTET
UND WIE DU IHN PRAKTISCH
ANWENDEN KANNST.

Gebet

SCHREIBE DAS,
WAS DU HEUTE
ERKANNT HAST
IN FORM EINES
GEBETES AUF.

FREITAG
Bibelstellen für Woche 4

Lukas 2, 1-21

1 Zu jener Zeit ordnete der römische Kaiser Augustus an, dass alle Bewohner des Römischen Reiches behördlich erfasst werden sollten. 2 Diese Erhebung geschah zum ersten Mal, und zwar, als Quirinius Statthalter von Syrien war. 3 Alle Menschen reisten in ihre betreffende Stadt, um sich für die Zählung eintragen zu lassen. 4 Weil Josef ein Nachkomme Davids war, musste er nach Bethlehem in Judäa, in die Stadt Davids, reisen. Von Nazareth in Galiläa aus machte er sich auf den Weg 5 und nahm seine Verlobte Maria mit, die schwanger war. 6 Als sie in Bethlehem waren, kam die Zeit der Geburt heran. 7 Maria gebar ihr erstes Kind, einen Sohn. Sie wickelte ihn in Windeln und legte ihn in eine Futterkrippe, weil es im Zimmer keinen Platz für sie gab.

8 In jener Nacht hatten ein paar Hirten auf den Feldern vor dem Dorf ihr Lager aufgeschlagen, um ihre Schafe zu hüten. 9 Plötzlich erschien ein Engel des Herrn in ihrer Mitte. Der Glanz des Herrn umstrahlte sie. Die Hirten erschraken, 10 aber der Engel beruhigte sie. »Habt keine Angst!«, sagte er. »Ich bringe eine gute Botschaft für alle Menschen! 11 Der Retter - ja, Christus, der Herr - ist heute Nacht in Bethlehem, der Stadt Davids, geboren worden! 12 Und daran könnt ihr ihn erkennen: Ihr werdet ein Kind finden, das in Windeln gewickelt in einer Futterkrippe liegt!« 13 Auf einmal war der Engel von den himmlischen Heerscharen umgeben, und sie alle priesen Gott mit den Worten:

14 »Ehre sei Gott im höchsten Himmel und Frieden auf Erden für alle Menschen, an denen Gott Gefallen hat.«

15 Als die Engel in den Himmel zurückgekehrt waren, sagten die Hirten zueinander: »Kommt, gehen wir nach Bethlehem! Wir wollen das Wunder, von dem der Herr uns erzählen ließ, mit eigenen Augen sehen.« 16 Sie liefen, so schnell sie konnten, ins Dorf und fanden Maria und Josef und das Kind, das in der Futterkrippe lag. 17 Da erzählten die Hirten allen, was geschehen war und was der Engel ihnen über dieses Kind gesagt hatte. 18 Alle Leute, die den Bericht der Hirten hörten, waren voller Staunen. 19 Maria aber bewahrte alle diese Dinge in ihrem Herzen und dachte oft darüber nach. 20 Die Hirten kehrten zu ihren Herden auf den Feldern zurück; sie priesen und lobten Gott für das, was der Engel ihnen gesagt hatte und was sie gesehen hatten. Alles war so, wie es ihnen angekündigt worden war.

21 Als das Kind acht Tage später beschnitten wurde, gab man ihm den Namen Jesus - so wie der Engel ihn schon genannt hatte, bevor Maria schwanger wurde.

FREITAG

LESEN:
Lukas 2, 1-21

SOAP:
Lukas 2, 10-11

Schrift

SCHREIBE DIE
BIBELSTELLE AB.

Beobachtung

SCHREIBE EIN ODER
ZWEI DINGE AUF,
DIE DU BEOBACHTEST
ODER BEMERKT HAST
(Z.B. STIMMUNG, ORT,
ZEIT, EINZELNE WÖRTER).

Anwendung

SCHREIBE EIN ODER
ZWEI DINGE AUF, DIE
DIESER VERS FÜR DICH
PERSÖNLICH BEDEUTET
UND WIE DU IHN PRAKTISCH
ANWENDEN KANNST.

Gebet

SCHREIBE DAS,
WAS DU HEUTE
ERKANNT HAST
IN FORM EINES
GEBETES AUF.

REFLEKTION

1. Worin unterschied sich Zacharias Frage an den Engel von Marias? Warum zeugte Zacharias Frage von Unglauben?

2. Versuche Elisabeths Gefühle zu beschreiben, als sie erfuhr, dass sie schwanger ist. Wie hättest du reagiert? Warum war das eine bedeutende Gebetserhörung für Elisabeth?

3. Durch ihre Freundschaft mit Elisabeth ermutigte Gott Maria. Wie hat Gott dich diesen Advent ermutigt? Was hat Er getan, was dich Seine Liebe und Fürsorge erkennen lässt?

4. Was ist dir dieses Jahr an der Weihnachtsgeschichte wichtig geworden? Was will dich Gott diesen Advent durch Sein Wort lehren?

5. Wie kannst du Gott dieses Weihnachten preisen, ähnlich wie die Hirten? Wie kannst du dieses Staunen über Gottes Größe in deinen Alltag mitnehmen?

NOTIZEN

DAS IST WAHR
UND STEHT
IN DER BIBEL

Gott liebt dich.
Auch wenn du dich nicht würdig fühlst und glaubst, dass die ganze Welt gegen dich ist, Gott liebt dich—ja, dich—und er hat mit dir Besonderes im Sinn.

Gottes Wort sagt: „Denn Gott hat die Welt so sehr geliebt, dass er seinen einzigen Sohn hingab, damit jeder, der an ihn glaubt, nicht verloren geht, sondern das ewige Leben hat"
(Johannes 3,16).

Unsere Sünde trennt uns von Gott.
Weil wir Sünder sind und bewusst sündigen, sind wir von Gott getrennt. Denn Er ist heilig.

Gottes Wort sagt: „Denn alle Menschen haben gesündigt und das Leben in der Herrlichkeit Gottes verloren" (Römer 3,23).

Jesus starb am Kreuz, damit du ewiges Leben haben kannst.
Die Folge der Sünde ist der Tod. Doch deine Geschichte muss nicht so enden! Wir dürfen Gottes Geschenk der Rettung umsonst annehmen, denn Jesus hat die Strafe unserer Sünde auf sich genommen, als Er am Kreuz starb.

Gottes Wort sagt: „Denn der Lohn der Sünde ist der Tod; das unverdiente Geschenk Gottes dagegen ist das ewige Leben durch Christus Jesus, unseren Herrn" (Römer 6,23); „Gott dagegen beweist uns seine große Liebe dadurch, dass er Christus sandte, damit dieser für uns sterben sollte, als wir noch Sünder waren" (Römer 5,8).

Jesus lebt!
Der Tod konnte ihn nicht halten. Drei Tage nachdem sein Körper ins Grab gelegt wurde, stand Jesus von den Toten auf und besiegte die Sünde und den Tod damit für immer! Er lebt und bereitet im Himmel für alle, die an Ihn glauben, einen Ort in der Ewigkeit mit Ihm vor.

Gottes Wort sagt: „Es gibt viele Wohnungen im Haus meines Vaters, und ich gehe voraus, um euch einen Platz vorzubereiten. Wenn es nicht so wäre, hätte ich es euch dann so gesagt? Wenn dann alles bereit ist, werde ich kommen und euch holen, damit ihr immer bei mir seid, dort, wo ich bin "
(Johannes 14,2-3).

Ja, du sollst WISSEN, dass dir vergeben wurde.
Nimm Jesus als den einzigen Weg zur Rettung an...

Wenn du Jesus als deinen Retter annimmst, geht es nicht darum, was du tun kannst, sondern vielmehr darum, was Jesus bereits getan hat. Du musst erkennen, dass du ein Sünder bist und daran glauben, dass Jesus für deine Sünden gestorben ist. Wenn du Gott um Vergebung bittest, setzt du dein ganzes Vertrauen in Ihn und in das Werk Jesu, dass Er stellvertretend für dich am Kreuz getan hat.

Gottes Wort sagt: „Wenn du mit deinem Mund bekennst, dass Jesus der Herr ist, und wenn du in deinem Herzen glaubst, dass Gott ihn von den Toten auferweckt hat, wirst du gerettet werden. Denn durch den Glauben in deinem Herzen wirst du vor Gott gerecht, und durch das Bekenntnis deines Mundes wirst du gerettet" (Römer 10,9-10).

Wie sieht das ganz praktisch aus?
Du kannst dieses einfache Gebet mit einem aufrichtigen Herzen beten:

> Gott,
> Ich weiß, dass ich ein Sünder bin.
> Ich möchte keinen einzigen Tag mehr ohne die Liebe
> und Vergebung leben, die du für mich bereit hältst.
> Ich bitte dich um Vergebung.
> Ich glaube daran, dass du für meine Sünden
> gestorben und von den Toten auferstanden bist.
> Ich gebe mich dir hin und bitte dich,
> Herr über meinem Leben zu sein.
> Hilf mir, mich von meinen Sünden
> abzuwenden und dir nachzufolgen.
> Zeig mir, was es bedeutet, in Freiheit zu leben,
> wenn ich in deiner Gnade bleibe.
> Hilf mir in Dir zu wachsen, während ich deine Nähe
> suche und dich immer mehr kennenlernen möchte.
> Amen.

Wenn du dieses Gebet gerade gebetet hast (oder in deinen eigenen Worten) Halleluja und herzlich willkommen! Wenn du Lust hast, schick uns doch eine E-Mail: info@lovegodgreatly.com

Wir möchten dich gerne auf diesem spannenden Weg als Kind Gottes begleiten!

WILLKOMMEN

Wir sind so froh, dass du hier bist

Am Herzen Gottes existiert, um Frauen auf der ganzen Welt zu inspirieren, zu ermutigen und auszustatten, damit Gottes Wort eine Priorität in ihrem Leben einnimmt.

-INSPIRATION-
Wir möchten Frauen dazu inspirieren, mit Hilfe unseres Materials Gottes Wort zu einer Priorität in ihrem Alltag zu machen.

-ERMUTIGUNG-
Wir möchten Frauen in unserer Online Gemeinschaft ermutigen Gott persönlich und verbindlich nachzufolgen.

-AUSRÜSTEN-
Wir möchten Frauen mit dem ausrüsten, was sie brauchen, um im Glauben zu wachsen und andere für Christus zu erreichen.

Am Herzen Gottes besteht aus einer wunderbaren Gemeinschaft von Frauen, die eine Vielfalt an Methoden verwenden, um verbindlich in Gottes Wort zu bleiben.

Am Herzen Gottes ist eine Plattform für Frauen von Frauen, die Gottes Herzschlag in ihrem Alltag spüren wollen. Es ist vor allem eine Gemeinschaft, weil es leichter ist mit anderen Frauen verbindlich an Gott dran und in Gottes Wort zu bleiben als alleine. Dabei nutzt *Am Herzen Gottes* verschiedene soziale Netzwerke und Medien. Das Grundgerüst ist ein einfacher Bibelleseplan. Aber das ist natürlich längst nicht alles.

Einige Frauen treffen sich zuhause oder in ihren Kirchen und Gemeinden, andere finden online zueinander. Egal wie und wo wir kommunizieren, Hauptsache wir haken uns ein und nehmen uns gegenseitig mit, um *am Herzen Gottes* zu leben!

Bei *Am Herzen Gottes* findest du normale Frauen mit Fehlern und Kanten, aber die wissen, was Vergebung bedeutet.

Frauen, die weniger von sich als von Jesus erwarten. Frauen, die sich danach sehnen, Gott durch sein Wort kennenzulernen, weil sie durch sein Wort verändert werden möchten. Frauen, die fest in Gottes Wort verankert und zusammen stark sind.

Am Herzen Gottes ist eine gemeinnützige Organisation. Die Finanzierung erfolgt allein durch Spenden und den Erlös unserer Online Bibeltagebücher. *Am Herzen Gottes* hat sich dazu verpflichtet, Material in hoher Qualität anzubieten. Wir möchten nicht, dass knappe Finanzen von unseren Bibelarbeiten ausschließen. Alle Bibeltagebücher können daher kostenlos auf LoveGodGreatly.com heruntergeladen werden.

Unsere Tagebücher sind auch auf Amazon erhältlich. Unter „Love God Greatly" findest du dort eine Liste aller Bibeltagebücher. Der Erlös fließt zu hundert Prozent zurück in die Arbeit von *Am Herzen Gottes*. So können wir Frauen auf der ganzen Welt mit Gottes Wort inspirieren, ermutigen und ausstatten.

DANKE, dass du Teil dieser Gemeinschaft bist!

WAS WIR ANBIETEN:

Übersetzung in mehr als 18 Sprachen | Lesepläne | Online Bibelarbeiten
Love God Greatly App (noch nicht auf Deutsch verfügbar)
Wir sind in mehr als 80 Ländern aktiv | Bibeltagebücher & Bücher
Gemeinschaft in Form von Kleingruppen.

JEDE AM HERZEN GOTTES - BIBELARBEIT BEINHALTET:

Drei bibelarbeitbezogene Blog Posts | Lernverse | wöchentliche Herausforderungen
wöchentliche Lesepläne | Reflektionsfragen und mehr!

VERFÜGBARE AM HERZEN GOTTES- BIBELARBEITEN:

Du bist geliebt | Esther | Die Quelle der Dankbarkeit
Der Weg hin zu Weihnachten | Für Gemeinschaft geschaffen
1. & 2. Petrus | Psalm 119 | Galater | Gottes Namen
Wachstum durch Gebet | Prediger | David | Dir wurde vergeben
Gott mit uns | In Weisheit leben | Gebrochen und Erlöst | Rut
Völlige Hingabe | 1. & 2. Timotheus | Philipper | Sein Name ist...
Jakobus | Hab keine Angst | 1. & 2. Thessalonicher
Schluss mit den Lügen | Gottes Zusagen | Christus

Du findest uns online auf
FACEBOOK.COM/AMHERZENGOTTES
LOVEGODGREATLY.COM

CPSIA information can be obtained
at www.ICGtesting.com
Printed in the USA
BVHW052343190223
658796BV00010B/1436